Hanamori

帰るのが楽しみになる

ひとり暮らし BOOK

大和書房

Good morning.

起きる時間は7時半くらい。数回
に分けアラームをセット。

パイピングが印象的な青いパジャ
マは「無印良品」で買ったもの。

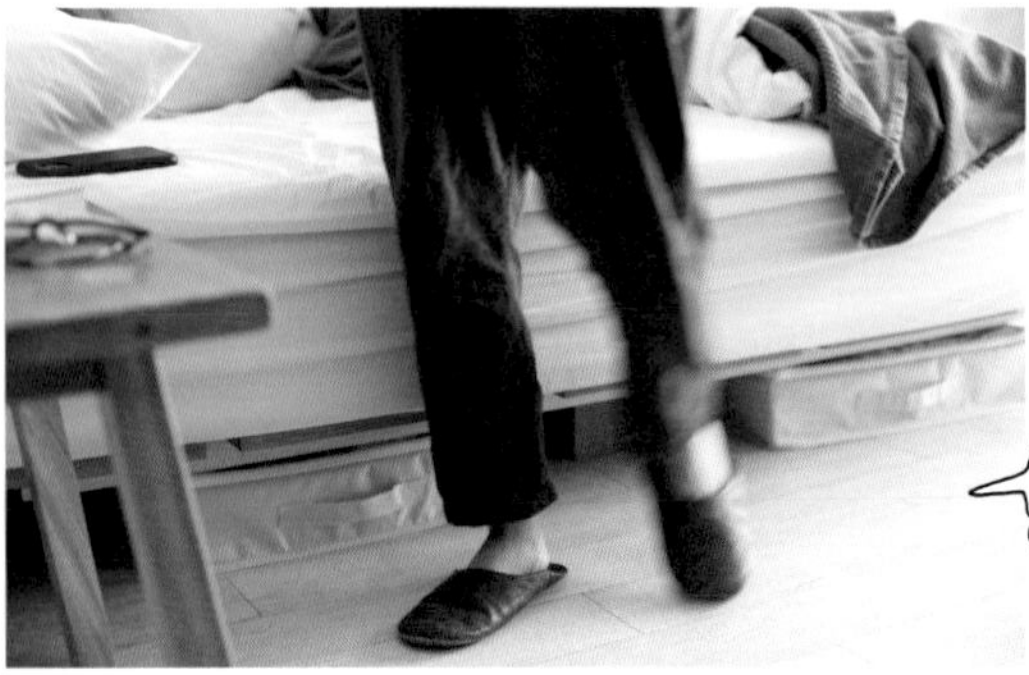

よく眠れた...

目をシャキッと覚ますためにまずは洗顔、そして歯みがきをする。

ひととおり終わったら、水分補給。
コップに水を入れてごくごく飲む。

ハンガーラックから今日着る服を
気分に合わせて選ぶ。

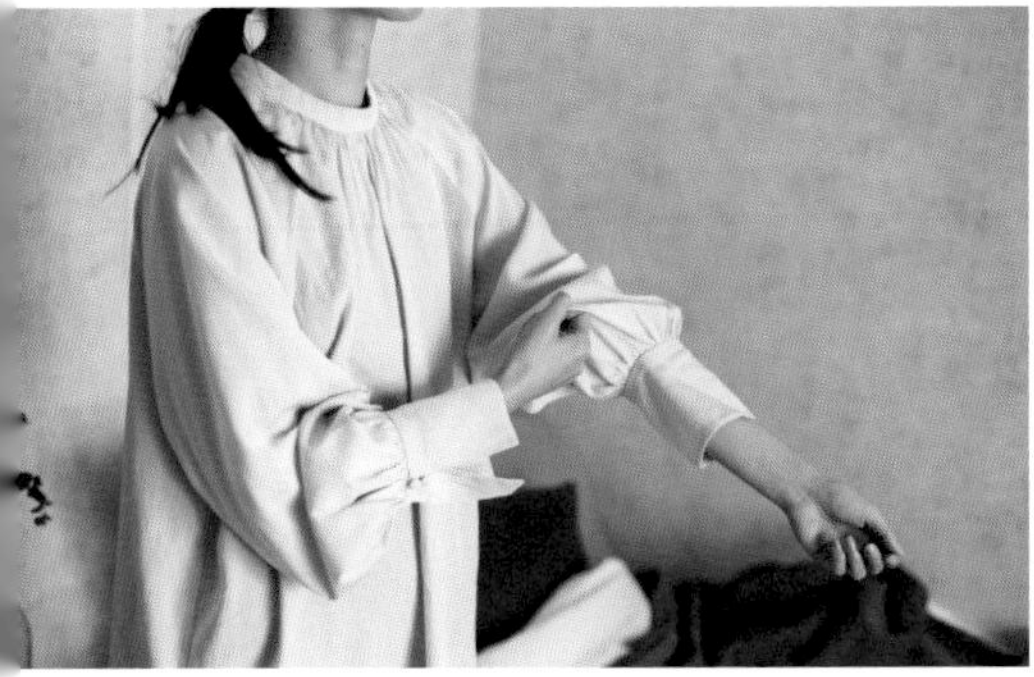

今日は
このピアス！

身だしなみの最後には
服に合わせてピアスを
選んでいる。

はじめに

はじめまして、ハナモリです。YouTubeでひとり暮らしにまつわるあれこれを紹介しています。

わたしがはじめて実家を出たのは大学に進学したとき。はじめてのひとり暮らしにワクワクしたことを覚えています。といっても、当時は日々暮らすことに精いっぱいで、いまのように壁紙を変えたり季節の植物を楽しんだりする余裕はありませんでした。でも、ちょっとしたことも新鮮で、とくに部屋の模様替えは一日中やっても飽きないほどでした。

そんなわたしのいまの仕事や暮らし方には、大学時代のフィンランド留学が大きく影響しています。フィンランドの人たちの生活や暮らしに対する意識の高さには驚かされました。たとえば、照明を落として夜時間を楽しんだり、自分たちで部屋を改造したり。年代や性別、職業などを問わず、それぞれに暮らしを楽しみ、その時間を大切にしていました。以前からインテリアや暮らしに興味を持っていましたが、この留学がきっかけで自分の興味があること、今後やっていきたいことが、とても明確になったのです。

この経験を通して学んだのは、ひとり暮らしで賃貸だとしても、自分の工夫次第で毎日の暮らしをより楽しめるんだということ。その気づきを胸に過ごした約8年間のひとり暮らし生活の中からもっと暮らしを豊かにするアイデアをご紹介します。

朝食はトーストとコーヒー。ペーパードリップでコーヒーを淹れる。

トーストに塗るジャムは数種類準備して、気分に応じて選ぶ。

行ってきます！

出かける前にルンバをセット。毎日動かしているので床がきれい！

CONTENTS

PART 5

毎日の身だしなみ

PART 6

ひとり暮らしだから気をつけること

PART 7

暮らしの楽しみと季節のこと

COLUMN

こんな部屋に住んでいます

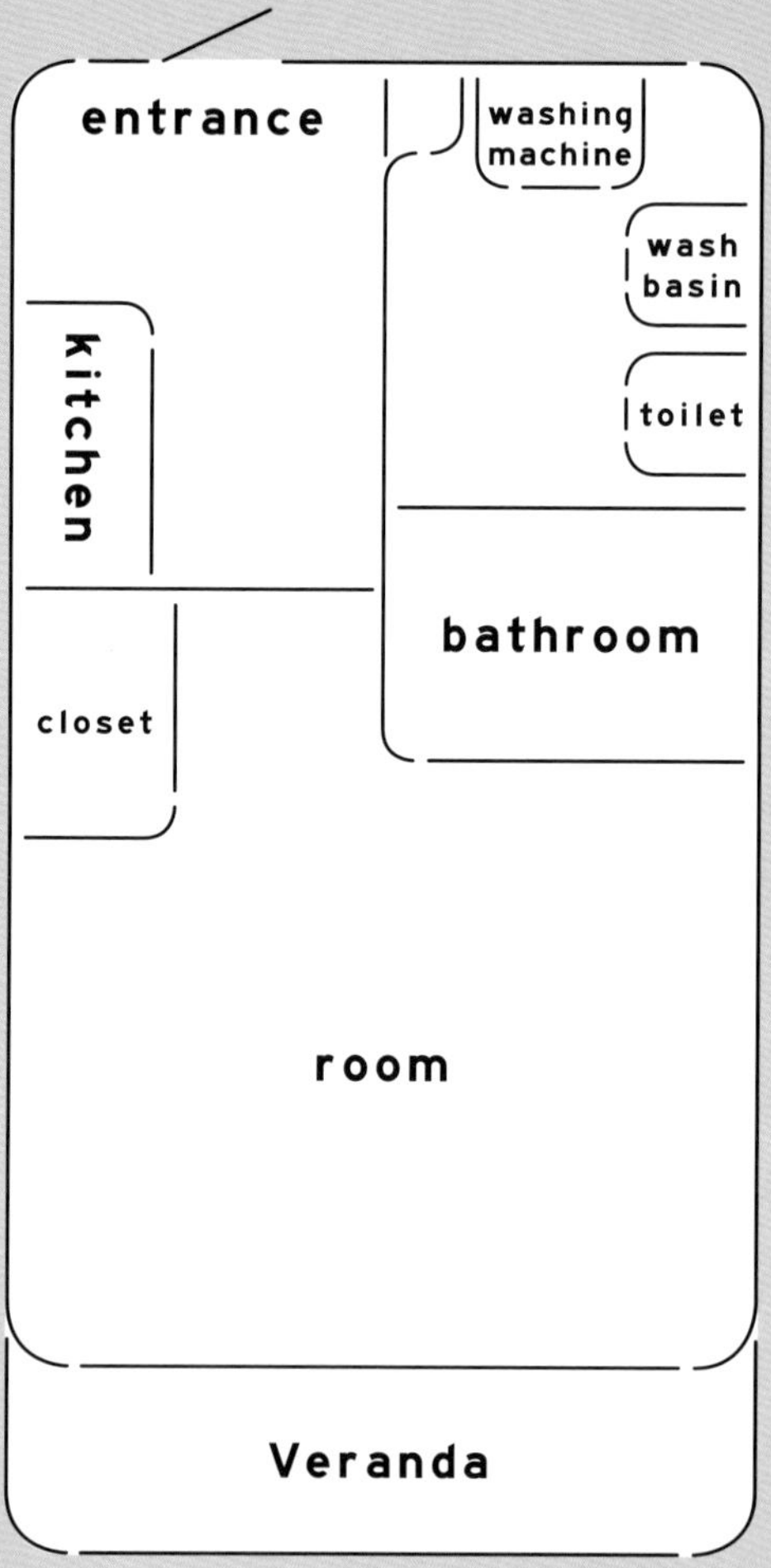

- ☑ 1K8.7畳のマンション
- ☑ キッチンは2口コンロが条件
- ☑ 水まわりはゆったり
- ☑ ベランダ菜園も満喫中

PART 1

楽しく続ける

自炊

「無理せず続くコツ」を見つける

コンビニごはんだけだと、合わなかった話

料理するときに大事なこと

- 無理してつくらない
- まとめてつくって効率化
- つくりおき副菜の活用
- 小さいキッチンを使いやすく

食べることはもちろん料理をすることも好きなのですが、改めてそう気づいたのには、あるきっかけがあります。以前、コンビニの食事だけで1カ月暮らしたらどうなるか、実験的に試したことがありました。買い物や料理をする時間は減りましたが、いつも同じようなものを選びがちで、食事自体が楽しいと感じられず、食べる量も減ってしまいました。それに、わたしにとっては料理をつくる時間が何よりの気分転換だと実感したのです。

　いまは自分が食べたいものを無理のないペースでつくっています。もちろん外食もしますし、忙しかったり疲れていたりするときはおかずを買ってきて簡単にすませることもあります。でも、やっぱり自分でつくった料理が一

番おいしい！　つくりおきの副菜を活用したり、すぐにできる鉄板メニューに助けられたりしながら自炊を楽しんでいます。

　ほかにも、小さめのキッチンでも料理しやすいようＤＩＹをしたり冷蔵庫の中を使いやすくしたり、あれこれ試行錯誤。また、「さあ料理しよう」と気分を上げるようなキッチンにするのも自炊を続けるコツ。楽しいからこそ無理なく続けられています。

週末に副菜をつくる

平日は主菜のことだけ

キャロットラペと
ポテトサラダ

副菜のつくりおきは2〜3種類くらいを日曜日の夜にまとめてつくり、平日に食べきるというスタイルが定着してきました。つくりおきをするようになったきっかけは、「つくおき」のnozomiさんのレシピを見たこと。こういうやり方があるんだと驚き、いまでもレシピを参考にしてよくつくっています。

とくによくつくるのはキャロットラペとポテトサラダ。ラペはミックスナッツとパセリを入れるのがポイント。食感と風味がアップして、とてもおいしくなります。

冷蔵庫に副菜があれば、朝ごはんに添えたり、ものによってはコンソメと水を足してスープにしたり。アレンジも広がって、忙しいときの心強い味方になってくれます。

memo

- 野菜がメインの副菜をつくりおき
- 常に2〜3種類はストック
- 日持ちを考えて早めに食べきる
- そのままはもちろんアレンジしても

少しまとめてつくる

毎回の手間が減る

1人分のレシピでも2人分に増やしてつくることが多いです。どうせなら多めにつくるほうがラクですし、材料が余らないよう、できるだけ使いきるようにしています。

葉物野菜などは調理前だと「ちょっと多いかな？」と思いますが、加熱するとカサが減りますし、変に残してしまうと冷蔵庫でそのまま放置して気付いたらしなびてしまった……ということがあるため、できるだけ使いきるのがポイント。コールスローもボウルいっぱいのキャベツを使いますが、おいしいので数日でペロリと食べきってしまいます。メイン料理はできたてがおいしいので1人分でつくることもありますが、唐揚げや煮物などたくさんつくったほうがおいしい料理は「少し多めに」が基本です。

memo

- 材料や手間を考えて多めにつくる
- 食材を無駄にすることもなし
- たくさんつくったほうがおいしいことも

お昼ごはんは麺にする

パスタかうどんで手軽に

フリーランスになってからお昼ごはんはほとんど家で食べています。仕事や家事の合間にパパッとつくってサッと食べるには麺類が手軽なので、パスタやうどんの登場がぐっと多くなりました。パスタならナポリタンやスープパスタなどが多く、麺は別ゆでせず、フライパンひとつでつくるのがポイントです。つくりおきをパスタにアレンジすることもあります。うどんなら、だしの温かいうどんや、卵とじうどん、焼きうどんなど。こちらも、冷凍うどんをレンチンして手軽につくります。

昼ごはんはあまり考えなくてもつくれる簡単なものばかり。その分、夜ごはんのメインは好きなもの、つくりたいものにしたいので、そのメリハリも大事にしています。

焼きうどんは冷凍うどんを使えば10分ほどで完成。ごま油で炒めて香りよく仕上げる。

朝食は定番化する

ここでも副菜が活躍

わたしにとって朝ごはんは、昼や夜よりも重要。寝坊して時間がなくても必ず何かしら食べてから出かけています。メニューはあれこれ考えなくてもいいように定番化していて、パンとコーヒーが基本です。エッグベーカーに卵を割り入れて電子レンジに入れたら、コーヒーを淹れてパンをトースターで焼くだけ。あとは冷蔵庫にストックしている副菜を盛り付ければ完成です。

　エッグベーカーは最近のお気に入りのひとつ。以前はフライパンで目玉焼きをつくっていましたが、これなら食卓にそのまま出せるから洗い物も減りますし、陶器で蓋付きなので冷めにくいのもうれしい点です。わたしの出身地の三重のものということもあり、とくに愛着が湧いています。

1 バナナ＋シナモンもお気に入りの組み合わせ。目玉焼きとトマトのカプレーゼ風も。

2 トーストにマヨネーズを絞り、直接、卵を割り入れて焼いて。旬の果物も朝食のお楽しみ。

1

2

memo 一番多い朝食スタイルがこちら。「HASAMI PORCELAIN」の黒いプレートは縁があってトレイのようにも使える。カップは「KANEAKI SAKAI」、お盆は「無印良品」。

鉄板メニューを持つ

頭が働かない日も

いくら料理が好きとはいえ、心の余裕がないときは、ごはんをつくるのが面倒だな……と思うことも。そんなときのために、サッとつくれる定番メニューの引き出しを増やしたいと思っています。

わたしの十八番メニューはレモンチキン。鶏肉が好きで1週間のうち半分以上は鶏肉を食べているかもしれません。さらに酸っぱいものも好きなので、このメニューはとくにお気に入りです。スンドゥブチゲは野菜もお肉も摂れて体も温まる寒い季節の定番です。また、まぐろアボカド丼は包丁とまな板を使うだけなので後片づけも簡単なスピードメニュー。安くておいしそうなお刺身を見つけたら、ご褒美に買って必ずこのメニューをつくります。

スンドゥブチゲ》

豚バラ、ニラ、豆腐、シーフードミックスなど具だくさん。韓国の調味料「ダシダ」が味の決め手。ひとり用の土鍋は「無印良品」。

︾レモンチキン

イラストレーターのあやさんのレシピを参考に。レモン、ズッキーニ、にんにく、しいたけ、油、調味料を袋に入れてマリネして焼くだけ。

≫まぐろアボカド丼

しょうゆ、みりん、ごま油にまぐろの切り身を10分ほど漬ける。ごまとごま油を入れるとぐっと韓国風になっておいしい。

小さいキッチンも快適に

よく使うものをパッと出せるように

「キッチンのコンロはふたつ以上」は絶対に譲れない条件でした。いまの家は、その条件をクリアしているので調理はしやすいですが、作業台がないのが難点。そこで、本来は冷蔵庫を置く場所に棚と台を設置して食材を切ったり盛り付けたりするスペースをつくりました。冷蔵庫は部屋の入り口に置いていますが、キッチンに近いので動線にも問題はありません。

　また、収納場所が少なかったので、正面の壁に棚をDIYしました。よく使う道具はこの棚に置いたりフックでかけたりしたら、作業効率がうんとアップ。ひとり暮らしのキッチンは省スペースなことが多いですが、工夫次第で大好きな場所にできると思います。

強度を高めるために棚受けの金具を使用。たわしやスポンジをひっかけるのにぴったり。

作業しやすくものを配置

醤油や酒などの調味料は
「セラーメイト」の
保存瓶に入れ替え。
プッシュ式で使いやすい

調味料ラック

いつも使うものを1ヶ所に

コンロ横の隙間にぴったりサイズのラックはサイズを測ってインターネットで購入。塩や砂糖、油、調味料など、すべてここへ収納。

「セリア」で買った
S字フックを並べて
吊り下げ収納に

キッチンツール

スタメンを吊り下げて

洗ったらフックにひっかけるという一連の流れが定着。定位置をちゃんと決めれば計量カップどこいったかな？　と探すこともない。

ティーバッグも
「セリア」の瓶に
詰め替えて

ティーバッグ

気分で好きなものを選ぶ

家で仕事をすることが多いのでお茶時間が大切なリラックスタイム。紅茶やジャスミン茶など、種類別に瓶に入れ替えればすっきり。

料理を「好きな時間」に

楽しければ、自然と続けられる

わたしにとって料理をする時間は大切な時間のひとつです。家で仕事をすることも多いので、料理がオンとオフの切り替えスイッチになっているのかもしれません。

調理中は飲み物（ときにはアルコールをちょっぴり）を片手にラジオを聞きながらやることが多いです。少し前にテレビを処分したので、ラジオは大切な情報源のひとつで、とくに週末にニュースや情報番組を聞きながらつくりおきをつくるのが至福の時間。

わたしの場合は、料理をすること自体が好きなので毎日続けられていますが、こんなふうにおまけの楽しみがあると、「料理しなきゃ」ではなく「早くごはんをつくりたいな」と考え方が変わるかもしれませんね。

ラジオはスマホのアプリ「ラジコ」で。フリーランスになって人の声を聞く機会が減ったこともあり、ラジオが欠かせないツールに。

この日の調理のおともは梅酒の水割り。いまは毎日の晩酌はしていないので、料理をつくるときに少しお酒を飲むのが楽しみ。

食材の買い出しは週末に

買い物中に浮かぶ献立も

日々の食事の買い出しは最寄り駅のスーパーを活用しています。週末のつくりおきのためにある程度まとめて買いますが、ひとり暮らしのため使いきれないと困るので、1週間以内に食べきれる量にとどめています。平日は基本的に毎日夕方にスポーツジムに行くので、足りないものはその帰りに買い足すことも。スーパーで食材を見て選ぶのも楽しく、それも気分転換で外出するきっかけにもなっています。

よく買うのは肉と野菜、フルーツなど。同じようなものが多くなりがちですが、珍しい野菜や以前ならあまり使わなかったものも、つくりおきを始めてから試すようになりました。買い物をしてからレシピを検索して料理をすることもあります。

memo

- 買い物は土日のどちらかに
- 散歩がてら昼間に行くことが多い
- 食べきれる、ほどよい量に留めて
- 足りないものは平日に買い足し

冷蔵庫はゆとりをもって
かごや袋を活用してすっきり

冷蔵庫は１３８Ｌの2ドアタイプのものを使っています。ひとりかふたり暮らし用くらいのサイズなのであまり容量は多くありませんが、料理が好きなので中身はそこそこ入っているほうだと思います。

　以前はあまり場所を考えず食材などをただ入れていたのですが、気付いたらごちゃごちゃして野菜や調味料が埋没……。そこで、ケースを使ったり袋やかごを配置したりしてものの位置を決めるようにしました。真ん中の段はつくりおきや残った料理を入れられるようにスペースを空けておくのもポイントです。

　小さめの冷蔵庫だからこそ、細かく区切ることでものを探したり食材を無駄にしたりすることがなくなりました。

冷凍は半透明のタッパーに食材ごとに分けて立てて収納。中身が分かってすっきり見える。

小分けしています

根菜

玉ねぎ、じゃがいもなどの根菜などの野菜やきのこ類はワックスペーパーの袋に入れて。高さを変えられて、繰り返し使えるのが◎。

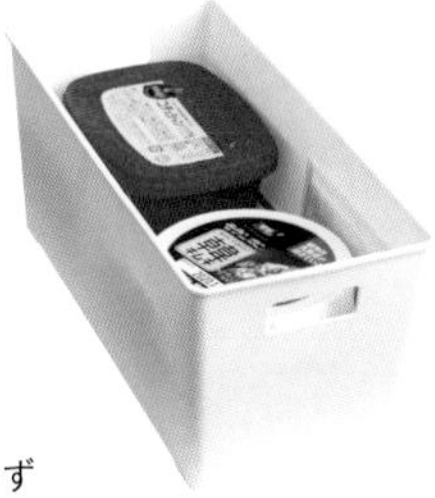

冷凍野菜

粒コーンは余ったら小分けにして冷凍すれば彩りにも使えて便利。ほかにもブロッコリーやほうれん草などを冷凍している。

ごはん・調味料

ごはんはまとめて炊いて一食分ずつにラップで包んで冷凍。味噌やコチュジャンなどは「セリア」の取っ手付きの白いケースに収納。

にんにく

ステンレスの軽量カップに入れて冷蔵庫の扉の卵スペースの横に収納。なくなりがちな小さなものは専用容器に入れれば埋没しにくい。

ジャム

毎日の朝ごはんに欠かせないジャム類はかごに収納。食卓にそのまま出せるよう、プラスチックではなく自然素材のものを選んでいる。

調味料

からしやわさびなどのチューブ類は立ててしまえる容器に。これも100円ショップで購入したもの。冷蔵庫の扉の収納部分に。

自炊に欠かせないもの

便利な道具とうつわ

ひとり暮らしを始めて8年ほどですが、キッチンツールはちょっぴりこだわって選んでいます。手入れをしながら5年以上使っているものも多く、今後も長く使い続けるつもりです。

　単に値段が高ければいいというわけではありませんが、毎日使うものなので耐久性があり、しっかりとしたつくりのものを選ぶといいと思います。かといってはじめてひとり暮らしをするときにすべていいものを買い揃えるのは難しいので、まずは手ごろなものから揃えて、使う頻度や自分にとっての優先順位、キッチンの収納場所やスペースなどと相談しながら徐々に新しいものに手を延ばしてみる、と段階を踏むのがオススメです。

お気に入りのうつわ》

とくにお気に入りの3点。左から「HASAMI PORCELAIN」のプレート、「長谷園」のエッグベーカー、かつてのルームメイトがつくったうつわ。

毎日のごはん

1 鶏むね肉を丸ごとゆでてたっぷりのねぎだれで。ゆで汁もスープに活用。
2 赤ワインとデミグラスソースで本格的に。たっぷりつくって冷凍することも。
3 鶏肉とたっぷりの野菜をコチュジャンとチーズで。フライパンごと食卓へ。
4 冬の定番鍋。刻んだねぎとしょうがをたっぷりのせて体の芯までポカポカに。

大活躍の道具》

1「木屋」の鉄製のフライパン。直径24㎝。肉をこれで焼くと、とびきりおいしくなる。
2 竹製のまな板。抗菌作用があってカビが生えにくいと聞いて竹のものをチョイスした。
3「ヘンケルス」の包丁。包丁はある程度お金をかけていいものを買うのがおすすめ。

4「ビタクラフト」の直径18㎝の片手鍋・デンバー。煮る、蒸す、揚げるなどができる。
5 フックにかけられる持ち手付きの計量カップ。ステンレス製で清潔に保てて耐久性も高い。
6「ヘンケルス」のキッチンばさみ。重ねて折ったアルミホイルを数回切ると切れ味が戻る。
7 小さじと大さじの軽量スプーンもステンレス製。DIYでつくった棚にフックでかけて収納。
8 野菜の皮むきに欠かせないピーラー。ピーラーも含めて道具はツール用のシートで磨いて。
9 トングは炒め物に使うほか盛り付けるときにも便利。色などのないシンプルなものを。

COLUMN

四季の野菜

自炊するときに取り入れたい四季の野菜。
パパッとつくる料理にも季節を取り入れると楽しくなります。

春

- 春キャベツ
- 新玉ねぎ
- さやえんどう
- アスパラガス
- 菜の花
- そらまめ
- たけのこ
- 新じゃがいも

など

緑の野菜を中心にみずみずしくてやわらかいのが特長。シンプルな味つけと調理法で野菜自体の味や食感を楽しんで。

夏

- トマト
- なす
- とうもろこし
- きゅうり
- 枝豆
- ゴーヤ
- ピーマン
- オクラ

など

トマトやきゅうりなど水分量の多い野菜が旬を迎える。体の熱を冷ましてくれるので積極的に取り入れたい。

秋

- ごぼう
- きのこ類
- さつまいも
- にんじん
- じゃがいも
- 玉ねぎ
- かぼちゃ
- ルッコラ

など

根菜類やきのこ、いも類など種類豊富な野菜が出盛りに。野菜自体の日持ちもするので常備菜やつくりおきにも◎。

冬

- 白菜
- ねぎ
- ブロッコリー
- 春菊
- ほうれん草
- れんこん
- 大根
- かぶ

など

白菜や大根、ほうれんそうなどは甘みをしっかり含む。鍋や煮込み料理にするとたっぷり食べられて体も温まる。

PART 2

部屋を好きになるための

片づけ・収納

居心地のよさ＝隠す収納

気づけば「探し物」がなくなっていた話

すっきりした部屋のために大事なこと

- 美しくないものを極力持たない
- 使ったら戻す
- バラ置きせず、ざっくりかごへ
- 定期的なものの量の点検

いまの部屋は比較的すっきりしていますが、以前はもっとものが多く、ごちゃっとしていました。「ものが捨てられないタイプ」ではないのですが、やっぱり数は多かったと思います。そんなわたしが変わったのは知人のミニマリストのおうちに行ったことがきっかけでした。とにかくものが少なくすっきりとしていて、ここまで減らしても生活できるんだ！と驚きました。

そこでわたしも断捨離にチャレンジ。まずは洋服を減らしました。ほとんど着ていなかったものを思いきって処分すると、自分の好きなものが自然と見えてきたのです。同じように雑貨類や家のものも不要なものを減らすと、自分の趣味嗜好がよくわかり、買い物で失敗をしたり無駄な買い物をしたりす

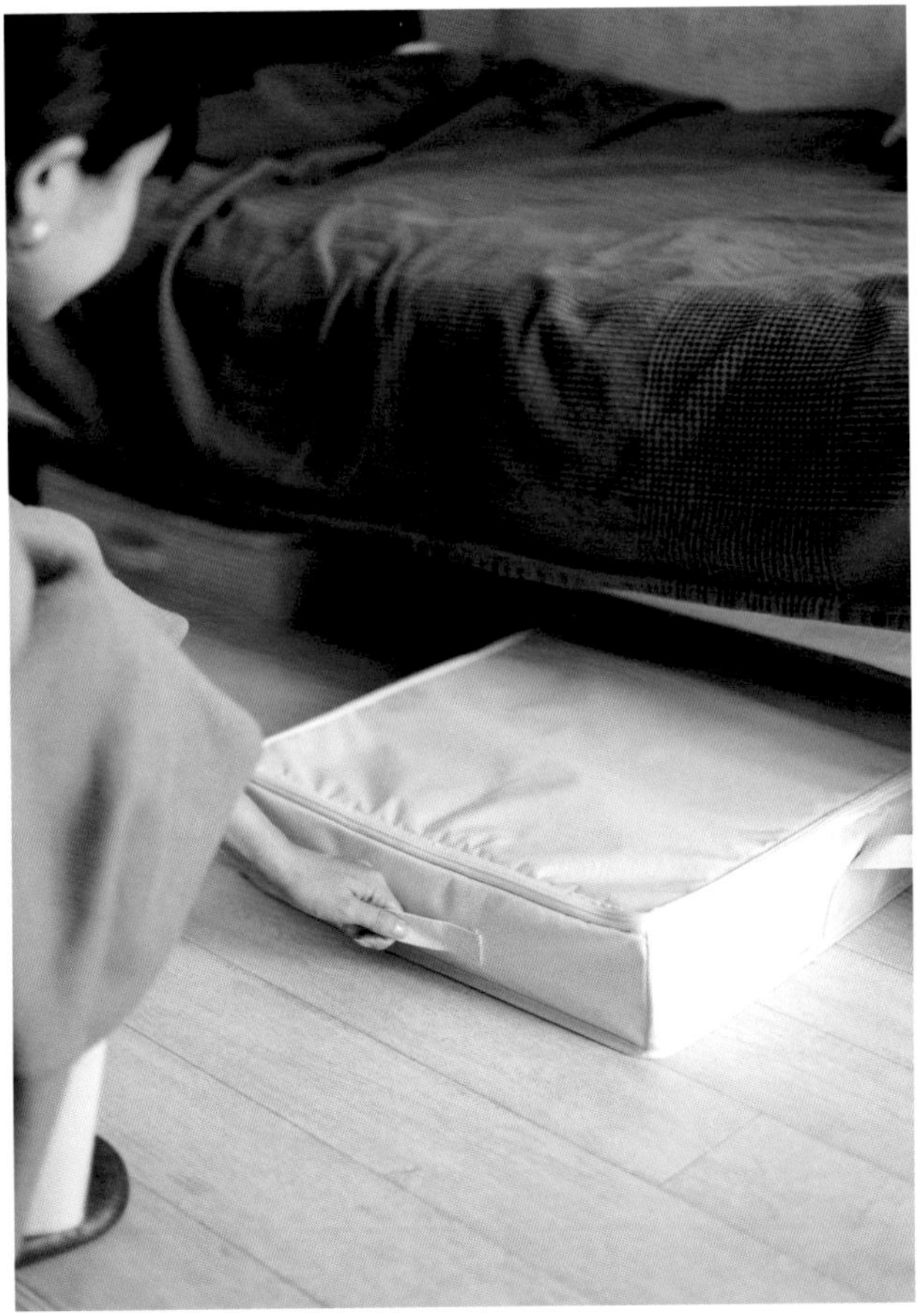

ることが少なくなりました。

数を減らしたあとは収納場所や置き場所についても考え直しました。それまでは、ものがあちこちに点在していましたが「使うものは使う場所に」「置き場所を決めて必ず戻す」などルール決めをしたら、探し物がぐっと減ったのです。ひとり暮らしで限られたスペースだからこそ、適正量を見きわめ、置き場所や収納場所を決めることが大切なのだと実感しました。

ものに定位置を

朝のバタバタがなくなる

ひとり暮らしなので部屋はさほど大きくないですし収納も限られていますが、以前は探し物が多く、出かけるときになってあれがないこれがないと慌てることが多かったです。使いたいものが見つからないのは、置き場所が定まっていないから。そう気づいてからは、小さなものでも必ず定位置を決めて、使い終わったあとや帰宅した際はその場所に戻すことを徹底しています。

たとえば、時計やお財布、鍵などはバッグや上着のポケットに入れたままにしがちだったのですが、帰宅したら身支度のスペースに並べるようにしました。

同様に、キッチン道具や掃除道具なども場所を決めて出し戻しを徹底。使いたいときにサッと手に取れてスムーズです。

色を減らす

箱に入れたり、詰め替えたり

気持ちが落ち着く部屋はどんな空間だろう。そう考えると、わたしの場合は色が大きく関係しているような気がします。主張の強い色や派手なデザインがあまり好みではなく、落ち着いた色のものが自然と集まってきていました。

ベースカラーは白、黒、茶、グレーなど。新しく何かを買う際、たとえばそれが消耗品や生活雑貨だとしても、この4色を念頭に置いて選ぶと、手持ちのものとしっくり馴染むような気がします。どうしても色があるものは目に触れないように収納やボックスの中へ。また、洗剤類はすべてシンプルな容器に詰め替えています。ちょっとしたことですが目に留まる色が好きな色に統一されていると気分も上がります。

衣類用洗剤は好みのボトルに詰め替えて。シンプルな白い容器で出しっぱなしでもOK。

片づけのタイミングを決める

朝、仕事前のルーティーンに

夜はできるだけゆったりと過ごしたいので、時間のかかる掃除や片づけは朝やると決めています。

家で仕事をするようになってからは仕事前にベッドをきれいに直すことが日課になりました。また、ひとつのテーブルで食事も仕事もするため、自然と片づけのタイミングも訪れるように。仕事道具に囲まれて食事をするとゆっくり味わえないですし、気持ちのスイッチも切り替わらないので、仕事始めや食事の際は「テーブルの上は全部片づける！」をマイルールにしています。昭和の暮らしのようにひとつのスペースで寝て、起きたら布団を片づけて、そこでごはんを食べる。同じ場所で裁縫をしたり勉強をしたり。そんなイメージかもしれません。

memo

- 仕事前にベッドを整える
- 食事する前にテーブルまわりも一掃
- 仕事と暮らしのメリハリを大事に

シーズン終わりに服を見直す

その服、どれくらい着た？

季節の変わり目には必ず衣替えをしているのですが、その際に洋服を全部出して見直しをしています。①今シーズンよく着たもの、②まあまあ着たもの、③まったく着なかったもの、というふうにカテゴリ分けすると、いるものといらないものが明確になり、人にあげたり処分したりがスムーズにできます。同時に、手持ちの服の把握もできるので、次シーズンに欲しいもの、必要なものもよくわかります。

　選手権的なこの見直しをし始めてから、自分の好きな洋服の傾向がわかるようになりました。それがわかれば、衝動買いをしたり、失敗したりすることもぐっと少なくなるように思います。

point

不要になった衣類は、友人にあげたりフリマサイトにアップしたりしています。

小さなクローゼットの使い方

ハンガーラックと2本立てで洋服を収納

収納にゆとりを持たせて

クローゼットはワンルームや1Kによくあるコンパクトなものです。ここにすべての衣類を収納するのは無理なので、ハンガーラックと使い分けています。オフシーズンのものや、丈が長くてハンガーラックにかけられないものはクローゼットへ。パンツ類などもできるだけハンガー収納にしていますが、カットソーやニットなどはたたんで引き出しに収納しています。引き出しは「無印良品」のもの。サイズの種類が豊富なのと、別売りのオプションも数多くあるので、住まいが変わっても長く使えます。

　小さなクローゼットだからこそ、ギュウギュウに詰め込まず、開けたときにどこに何があるかわかるように8割くらいの収納になるよう心がけています。

memo

- 詰め込みすぎず8割ほどに
- ハンガーも省スペースのものを
- 引き出し収納を組み合わせて

スペースを有効活用する

半透明のケースにはTシャツやカットソーなど春夏のものを収納。近藤麻理恵さんが紹介していたたたみ方で立てて収納している。

「フェローズ」の段ボール箱にはスノーボード関係など、出し入れの少ないものを収納。

≫サマリーポケット

サマリーポケット

半年以上使わない毛布や布団などは月額275円から使える、宅配収納「サマリーポケット」に預ける。ラージサイズ（月額605円）を利用している。

意外と場所を取るのがバッグ類。あまり使わない季節もののバッグは大きめのバッグやリュックなどに入れると省スペースになる。

省スペースにもなる「ケユカ」のハンガーは衣類が絶対に滑り落ちない優れもの。写真はスラックスタイプでグレーを使用。

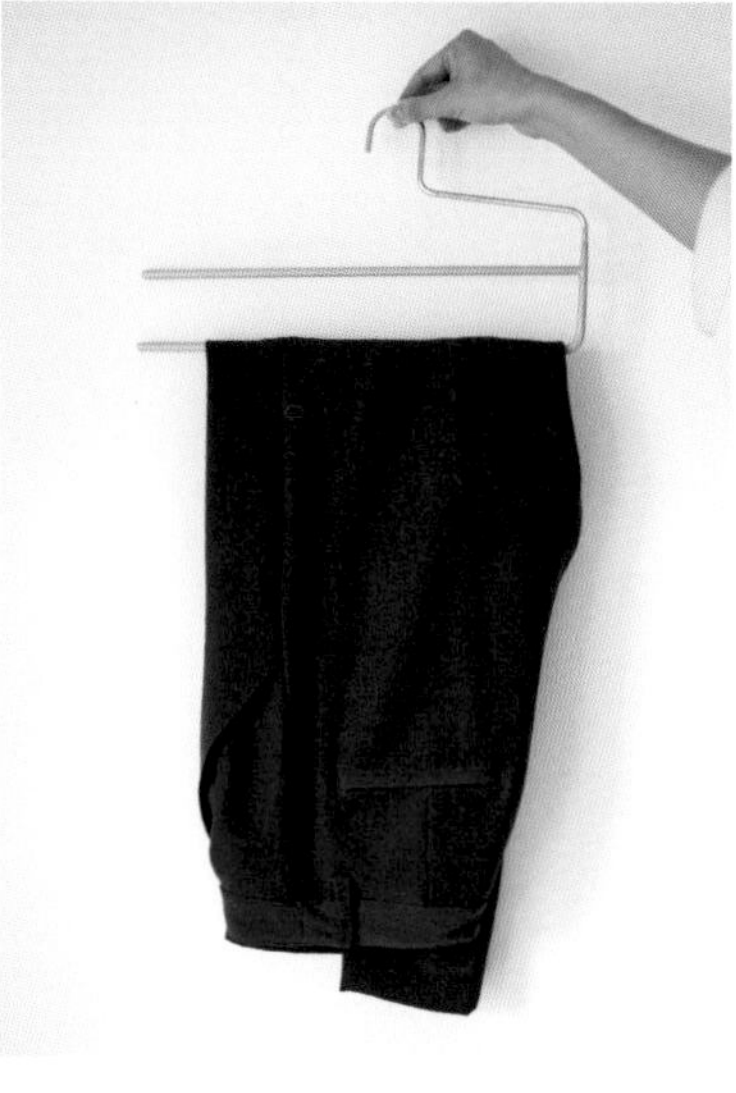

収納スペースを生かす

キッチン下収納の場合

ひとり暮らしは部屋の面積があまり大きくないため、収納スペースも少なめということが多いと思います。わたしも同じで、限られた収納スペースしかありません。そこで、なるべく空間を無駄にしないようにしつつ出し入れもしやすいようにと試行錯誤してしまい方を考えています。

キッチンのシンクとガス台の下にある収納は、高さがあるのでコの字ラックを使用したり、スタッキングできる収納ボックスを置いたりして、デッドスペースがなるべくできないようにしています。ケースなどに入れる場合はラベルを貼るのもおすすめ。また、大きなお皿はファイルボックスに立ててしまうなど、ワンアクションで出し入れできるようにするのもポイントです。

memo

- ラベル＆グルーピングですっきり
- コの字ラックでデッドスペースを活用
- ファイルボックスも使えるアイテム

これだけしまえます

収納アイテム

「セリア」のコの字ラックを使用。サイズもいろいろ選べて積み重ねられるものもある。

同じく「セリア」のファイルボックスに大皿を収納。重ねるよりもスッと取り出せる。

「無印良品」のケースは蓋付きでスタッキングもできる。ラベルを貼って分かりやすく。

洗面台収納の場合

収納アイテム

色のある洗剤ボトルなどは「無印良品」のファイルボックスに入れて。背を向けて収納すれば目隠しにもなってすっきり見える。

「セリア」で買った小さなケースに細かな薬類を収納。棚板がなかったため突っ張り棒と板を使って棚をつくり、その上に収納。

これだけしまえます

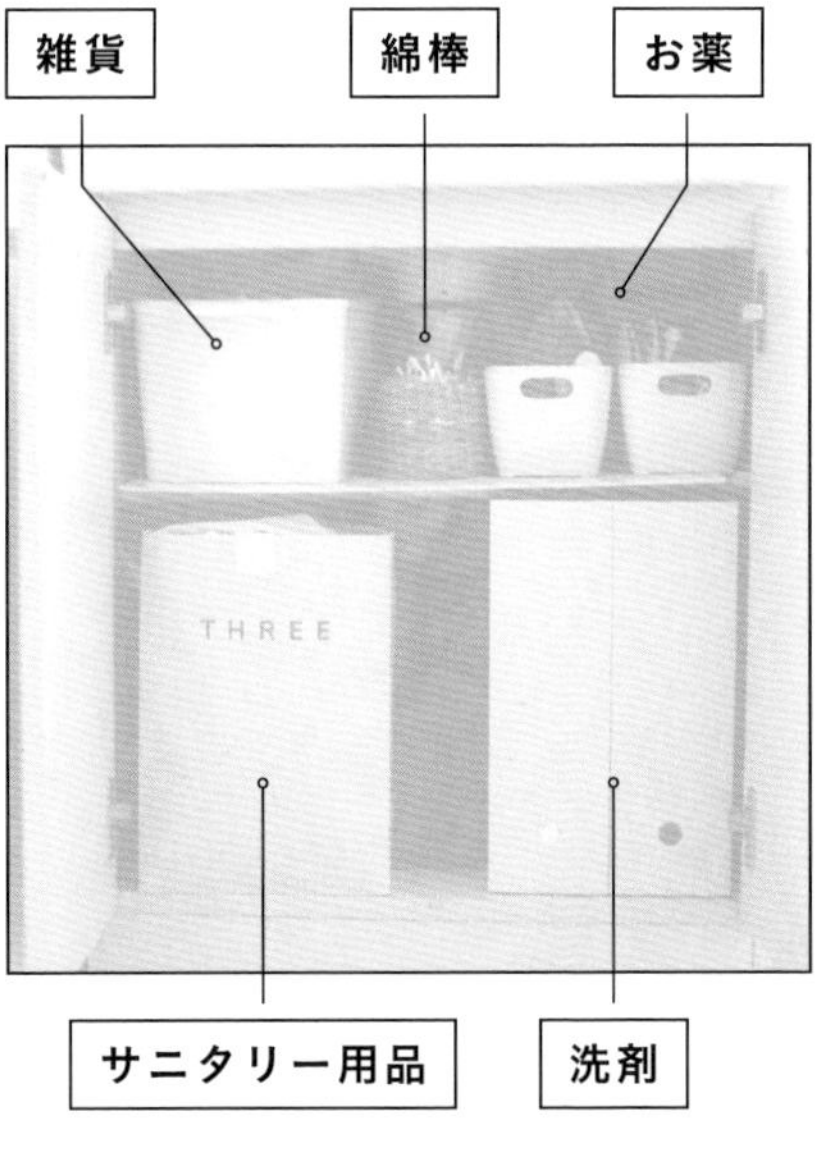

隠す収納がすっきりへの近道

分類しにくいものこそ、扉の中へ

以前は、雑誌などでも紹介されている「見せる収納」に憧れていました。その影響で部屋に天井近くまである大きな本棚を置き、雑貨や小物などいろいろなものも飾っていましたが、なんだかごちゃごちゃとして落ち着きませんでした。心機一転、断捨離をしてものを減らしたタイミングでその本棚は手放し、いまは必要最低限の収納家具を使っています。

この鉄製のシェルフは背が低く、面がすっきりしているので部屋に置いても威圧感のないシルエット。中には仕事道具や手紙や書類など大事なものを主に入れています。細かいものはすっきり隠して、飾るのはほどよく。そのメリハリが、小さな部屋にはちょうどよい気がします。

memo

- 細かなものは隠す収納に
- 収納家具は背の低いものだと部屋が狭く見えない
- 「飾る」と「隠す」のメリハリをつけて

省スペースなサブ収納

無印の長押、活用しています

「収納が少ないなら増やせばいい！」とも言えますが、賃貸マンションだとそう簡単にはいきません。そこでわたしは、「無印良品」の長押を収納代わりに活用しています。お風呂場の手前にスペースがあったので、白い壁にこの長押を配置。見た目も気に入っているハタキ、エコバッグ、バスマット、掃除用のクロスをかけています。

　この長押は上部に溝がありフックをかけられるのがポイントで、わたしは「セリア」で買ったフックをかけて使っています。無印の長押は飾りなどが何もないのでインテリアを邪魔しないのと、「ニンジャピン」のようなピンで留めるだけなので賃貸でも気軽に使えるのが大きなポイント。使い方によってさまざまに活用できます。

memo

- ■かける収納なら省スペース
- ■シンプルな長押が使える
- ■場所と用途に合わせて活用できる

idea 1 ベッド横

おやすみコーナーにものをまとめて

溝の部分を活用して、文庫本やスマホ、眼鏡、ハンドクリームなどを置いても。ベッドまわりに収納がなくスマホの置き場所がない……というときにも便利。

idea 2 トイレ

殺風景さがやわらぐ

ひとり暮らしのトイレは殺風景になりがち。何を飾ったらいいかわからないというときも長押が活躍。ポストカードやドライフラワーなどをフックにかけるだけでおしゃれな空間に早変わり。

COLUMN

四季の花

花があるだけで、部屋の雰囲気も一変。
切り花を買ったり、鉢を置いたり、いろんな楽しみ方を。

春

・チューリップ
・マーガレット
・ヒヤシンス
・ラナンキュラス
・ムスカリ
・デルフィニウム
・ライラック
・ポピー
など

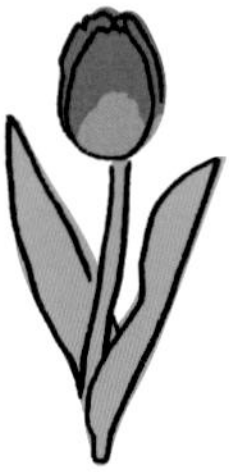

春の訪れを感じさせる色鮮やかな花びらの花が豊富。ヒヤシンスは水耕栽培で室内で育てられるからインテリアにも◎。

夏

・ひまわり
・アガパンサス
・スターチス
・クルクマ
・ユリ
・ラベンダー
・アサガオ
・あじさい
など

ひまわりやあじさいなど、とくに夏らしい花は元気をくれる。あじさいは切り花を楽しんだらドライにしても。

秋

・ダリア
・コスモス
・マム
・バラ
・ワレモコウ
・リンドウ
・ケイトウ
・オミナエシ
など

春や夏にくらべて秋らしい落ち着いた色合い。ダリアやバラなどは、一輪だけ買って室内に飾るのも素敵。

冬

・パンジー
・クリスマスローズ
・スノードロップ
・アイリス
・シンビジューム
・スイセン
・ポインセチア
・フランネルフラワー
など

部屋にこもりがちな寒い時期は耐寒性のある冬の花を。リースにしたり年末年始の飾りにしたりと楽しんで。

PART 3

手間を減らす

掃除・洗濯

苦手な家事は手間を減らす

「苦手だからこその工夫」がちゃんとある

掃除・洗濯をするときに大事にしていること

- 汚れを溜めこまず、掃除回数を減らす
- 家電に頼る
- どうしたら楽しくなる？と考える
- 洗濯物の量を減らす

料理や整理整頓は比較的、好きなほうですが掃除や洗濯はあまり得意ではないんです。とはいっても、ひとり暮らしなので掃除も洗濯もやらないわけにはいきません。ちなみにわたしの実家は〝家族全員が家事をやる！〟という家庭だったので、子どものときから掃除も洗濯もお手伝いしていました。苦手な家事についてですが、苦手でもやらなければいけないなら、どうしたら楽しくなる？と思考を変えるようにしています。

　わたしの場合は、汚れや洗濯ものの量が増えると余計にやる気が起こらなくなるので、そうならないように「溜めない」ことが重要です。ちょこちょこ気づいたときに掃除をし、洗濯ものもなるべくこまめに回すように心がけて

掃除は
明るい時間に！

います。
　また、お気に入りのお掃除グッズで気分を上げたり、便利な家事家電に頼ったりと、苦手意識が少しでも軽減されるように工夫。わたしにとっては掃除と洗濯がウィークポイントなのでこのスタイルですが、趣味・嗜好やライフスタイルによってどんなやり方が理想的かは異なるので「自分が無理なく、心地よく続けられること」が一番大切だと思います。

ルンバに頼る

床掃除が激変したお助けグッズ

以前はスティックタイプの掃除機を主に使っていましたが、少し前からルンバを導入。すると、驚くほど掃除がラクになりました。床は思いのほか汚れやすいですが、掃除機をかけるのはあまり得意ではなく、ついつい後まわしにしてしまうことも多かったです。けれど、ルンバを使いだしてからは毎日自動で床をきれいにしてくれるので本当に助かっています。アプリと連動できて、外出先から操作できるのも◎。

いまは便利な家事家電が多いので、ライフスタイルや必要性に応じて家電に頼るのも一案だと思います。ただ、値が張るものも多いのでよく比較検討するのがいいと思います。わたしにとってはルンバと乾燥機付き洗濯機は導入して大正解の家電でした。

memo

- 苦手な家事は家電の力を借りる
- 思いのほか効率が上がることも
- タイマーをセットすれば自動でお掃除完了

水回りはササッと

「まとめて」より「小分け」のほうがラク

日ごろから“溜めない掃除”を心がければ、使うときにも気持ちがいい。壁の部分には「セリア」のタイル風のシートを貼っている。

1「セリア」のファイバークロスでササッと鏡を拭く。夜の歯みがき後に必ずやるようにしている。
2 鏡のついでに、シンク内もクロスで拭き取る。スポンジは置いておくと水アカが溜まるので置かないように。

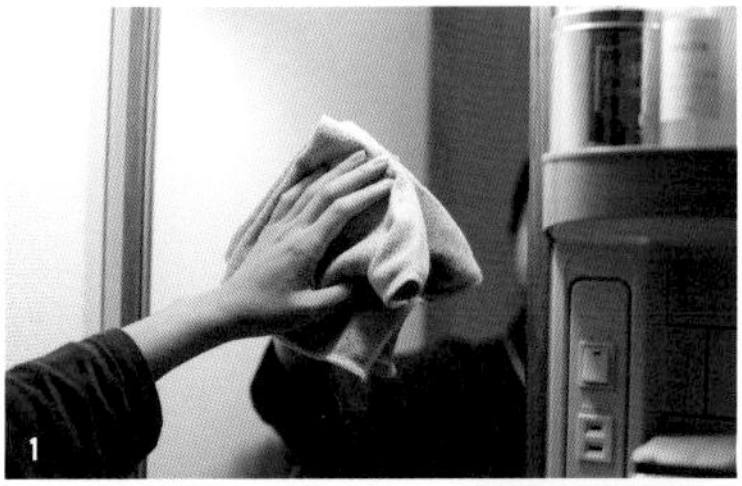

1

2

水まわりの掃除は得意でない家事のひとつ。そこで、「気付いたときにサッと」を合言葉にこまめにやるようにしています。とくに水アカ汚れは溜まると落ちにくくなるのであとが大変。夜のルーティーンの流れで拭いて汚れを溜めないようにすれば、掃除の回数も減って一石二鳥です。

水まわりに使うのは「セリア」のマイクロファイバークロス。洗面スペースのすぐ手が届く場所にこのクロスをかけているので、気付いたときに手に取って、水で少し濡らしてサッと拭くだけ。1分程度しかからないけれどこれを続けることできれいな洗面台をキープできるんです。掃除用のスポンジは置いておくとそこに水アカが溜まるので洗面所では使わなくなりました。

気が向いたときにすぐ取りかかれるよう、使っていて心地いい道具を選ぶことや収納場所を決めておくことも大切です。

掃除を減らす工夫

ものの必要性を確かめる

水切りに
ティータオルを

以前は洗った食器を置く水切りかごを使っていましたが、それ自体を定期的にきれいにしなくてはいけないのと、場所もとるので思い切ってなくしました。いまは「スコープ」のティータオルを使っていて、これなら使わないときはしまえるし、サイズも自由自在に変えられるので、とても便利で気に入っています。ひとり暮らしで使う食器の数は少ないため、これで十分だと気付きました。

同じ理由でシンクの三角コーナーとリビングにゴミ箱も破棄。掃除する場所が減って、時短にもなりましたし、ゴミをまとめていた三角コーナーやゴミ箱が目に入らなくなると気持ち的にもすっきりしました。

Point

キッチンの作業台にかけた袋がゴミ箱代わり。ゴミを入れるのは、家中でこれひとつだけ。

頼れるドラム式洗濯機

「干す」がなくなるうれしさ

　あるとき、海外へ行くことになった友人からドラム式洗濯機を譲り受けることになりました。それまでは浴室やベランダに洗濯物を干していたのですが、スペースも限られるし、何より「干す」という家事が苦痛だったので、使ってみての驚きとうれしさは家事史上、一番でした。乾燥機にかけたくない衣類もあるので、その分類などはありますが、タオル類は乾燥機にかけたほうがふかふかに。

　ルンバも同様ですが、家事の優先順位を決めたり、メリハリをつけたりして、道具や家電に頼るのは賢い選択だと思います。その分、ほかのことに時間や労力を使えるし、気分よくいられるのも大きなポイントです。

memo

- 以前は浴室乾燥を使っていたが、現在はドラム式洗濯機にお任せ
- タオルなどは乾燥機のほうがふかふかに
- 苦手な家事はときには家電に頼っても

休日の掃除をルーティーン化する

1週間分の汚れをさっぱりきれいに

床はウタマロクリーナー＆マイクロファイバークロスで。床掃除をすると気持ちいい。

以前は掃除のタイミングはとくに決めていませんでした。でも、ひとり暮らしなので、自分が掃除をしなければずっとそのまま……ということになり、結果として汚れが溜まり、かえって大変になっていました。これではダメだと思い、いまは「土日のどちらかで明るい午前中に」とゆるやかにルールを決めています。週末にやると決めれば忘れることもないですし、平日はすっきりとした気持ちでお仕事できます。

ハタキかけから始めて、掃除機、床掃除、キッチン、トイレというのが一連の流れ。全部やっても1時間以内には終わるので、気分転換にもなっています。汚れが溜まってしまう前に掃除もルーティーンにするのがおすすめです。

休日のお掃除ルーティーン

- ☑ ハタキでほこりを落とす　10 min
- ☑ 掃除機をかける　10 min
- ☑ 床掃除をする　10 min
- ☑ キッチンの汚れ落とし　10 min
- ☑ トイレ掃除　5 min

お風呂掃除は
都度の掃除に加え、
しっかり掃除を月1で。

こんなふうにやってます

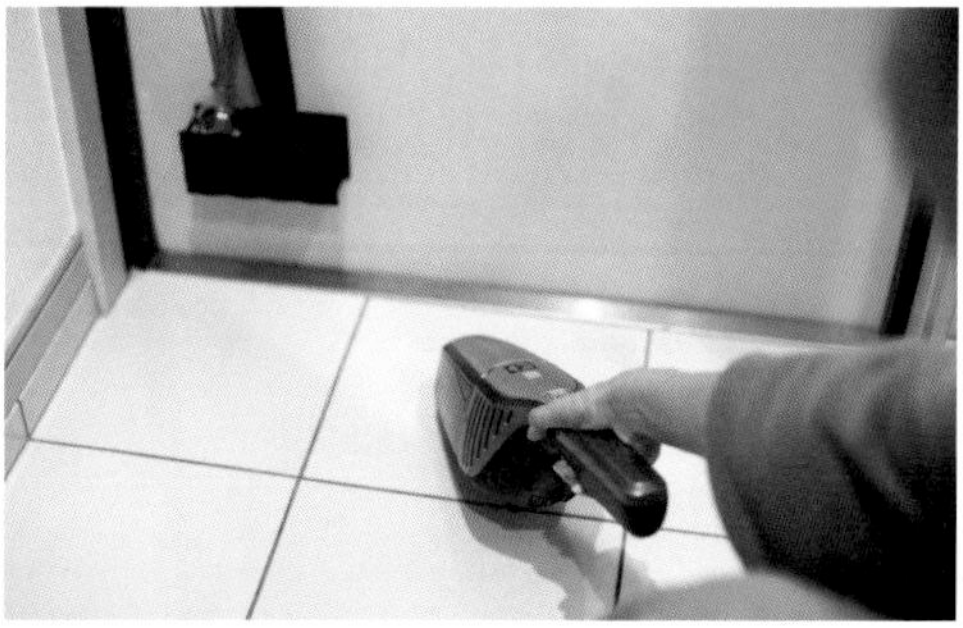

玄関》

出入りする玄関がきれいだと、気持ちがいいので、積極的に掃除をするように。スティックタイプの掃除機でゴミを吸って。

《キッチンのシンク

シンクは夜ごはんの食器を洗ったついでに磨く。食器洗い用とシンク洗い用のスポンジ（ともに「セリア」で購入）を分けてウタマロクリーナーをつけてやさしく磨く。

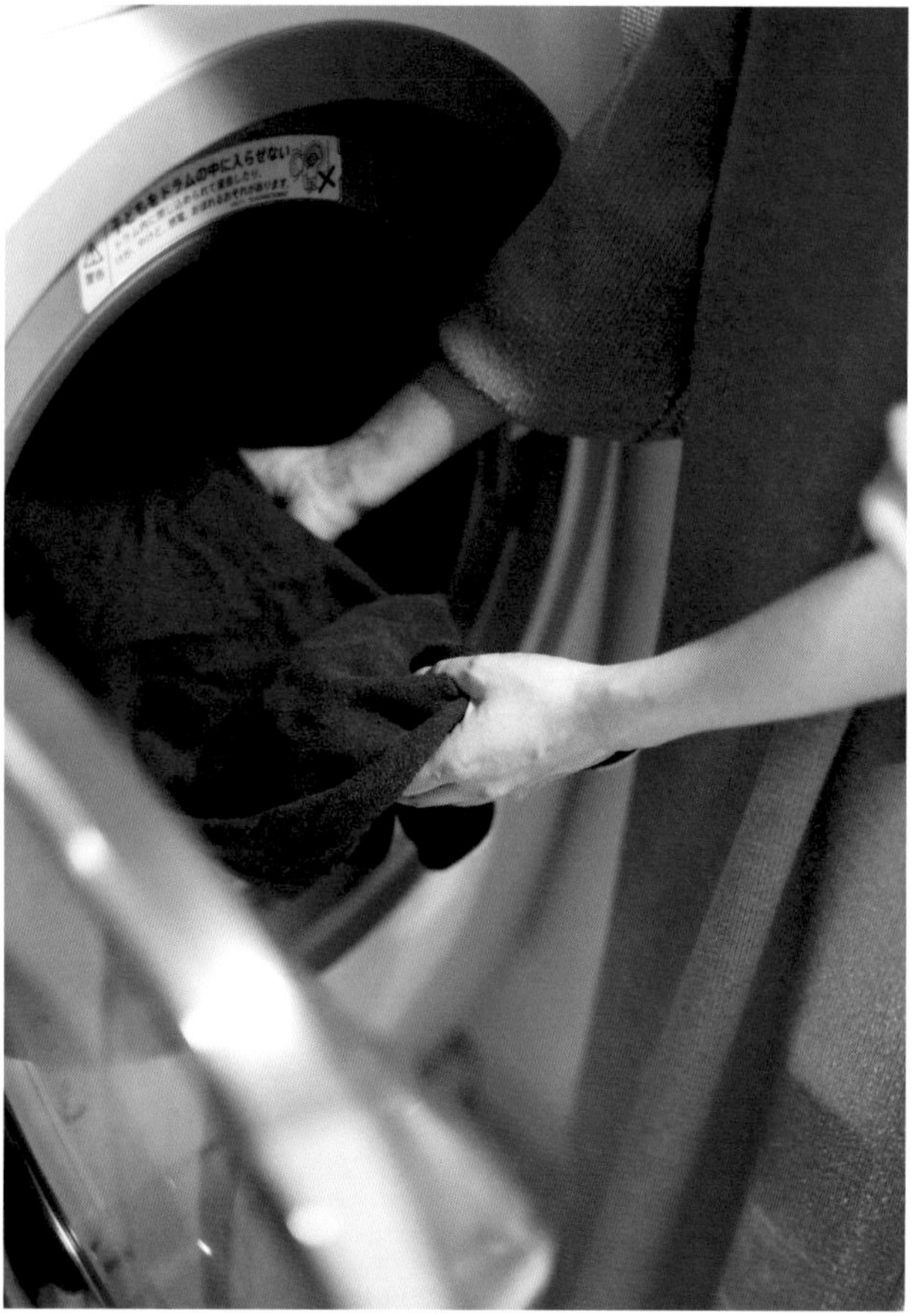

たたまない衣類があってもいい

やり方を変えて減る家事もある

49ページでも紹介したように、どちらかといえば洗濯は苦手分野。ドラム式洗濯機を導入してから「干す」作業は激減したけれど「たたむ」作業はどうしても避けられません。そこで、苦手なたたむ作業をできるだけ減らしたくて、必要最低限になるよう工夫しています。

最近は、きちんとたたむのはタオル類とニット類くらい。洋服はハンガーにかけることが多く、それ以外のものはハンガーラックの下のかごにポイポイッと入れるだけにしています。たとえば、毎日使うジムウェアなどは、またすぐに使うのでわざわざたたんでしまわなくてもいいと思ってのことでした。ざっくり入れておけばOKの場所があると、苦手な家事も楽になります。

memo

- 苦手な干す作業を短縮
- きっちりたたまなくてもいい
- たたむ、かける、かごに入れるの3つに分けて

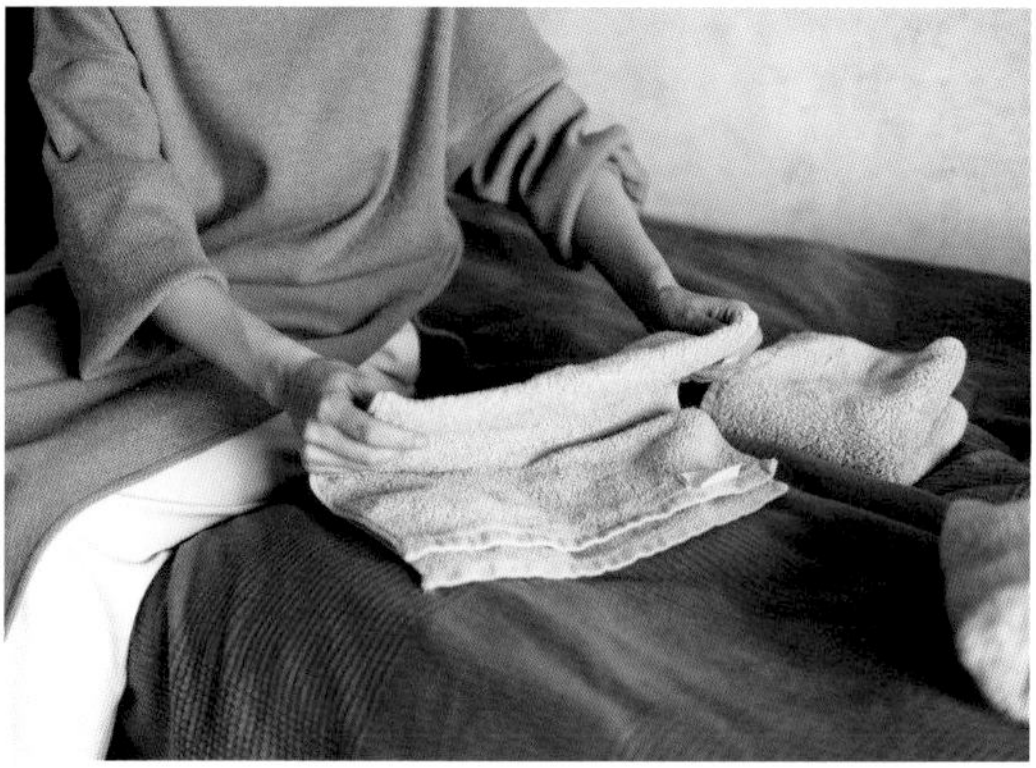

case 1

たたむ

タオル類は乾燥が終わったらたたんで洗面スペースへ。部屋に持ってきてベッドの上でたたむか、量が少なければ洗面スペースで乾燥機から出してすぐにやることも。

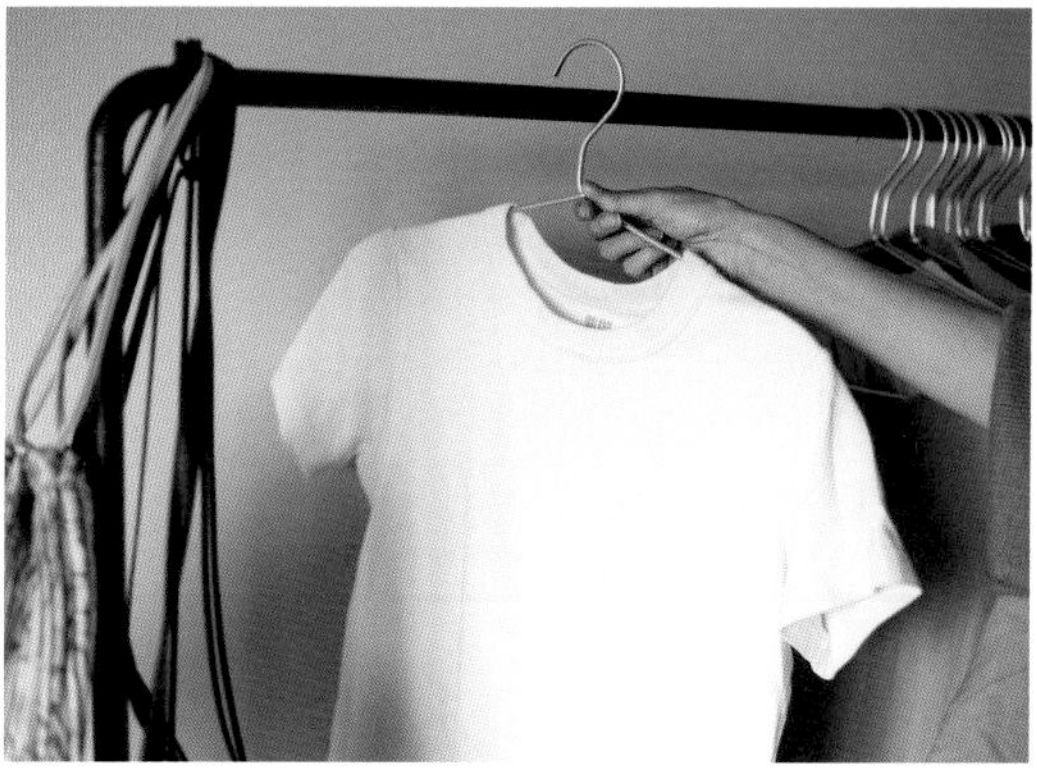

case 2

ハンガーにかける

シーズンの洋服やお気に入りのものはハンガーにかけてハンガーラックへ。好きな洋服やお気に入りの洋服は、クローゼットではなくハンガーラックにかけてインテリア代わりに。

case 3

かごに入れるだけ

ジムで使うウェアや、すぐに履きたい靴下などはクローゼットには入れず、ハンガーラックの下に置いているかごの中へ。リネンの布をキュッと結べば目隠しできる。

月一のしっかりお風呂掃除

普段できない部分をしっかりと

排水溝の受け皿は髪の毛をくるっとまとめてくれるものを使用。100円ショップで購入。

洗面スペースのシンク同様、お風呂も汚れを溜めないよう、毎回、お風呂に入って出るときに浴槽とお風呂の椅子だけは洗っています。そうすれば、翌日、お風呂のお湯をすぐに溜められるので、疲れていても必ずやっています。

　それ以外に、月に一度はしっかりとお風呂掃除を。月末くらいとゆるくルールを決めて、鏡、受け皿、床などを掃除します。いまの家のお風呂は24時間換気システムのため、あまりカビは生えませんが、水あかやせっけんカスなどの汚れは意外と溜まっているもの。これも、あまり放置するとかえって掃除が大変になるので、月1ペースくらいがわたしにとってはちょうどよいようです。

シャンプーやボディーソープを置く受け皿は取り外せるタイプ。ウタマロクリーナーと無印良品のスポンジで洗って汚れを落とす。

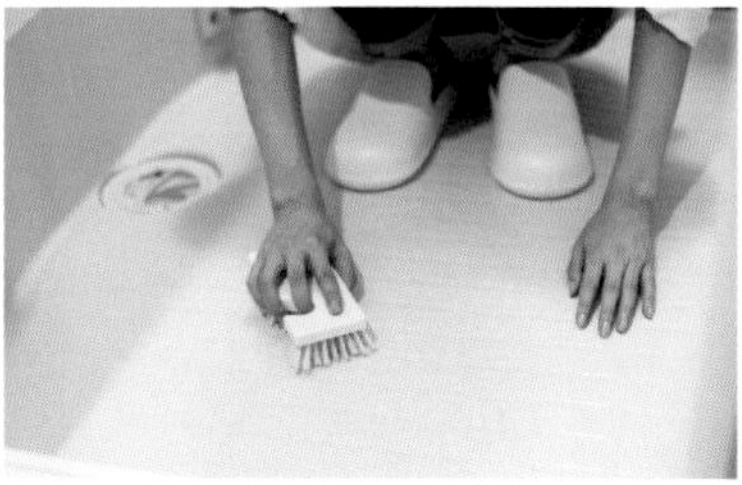

床はお風呂用のブラシでやさしくこする。見た目がシンプルで気に入っている「QQQ（キュキュキュ）」のブラシを使用している。

しっかり掃除の手順

鏡などの水あかを落とす
↓
受け皿の石けんカスを落とす
↓
床を洗う
↓
排水口を洗う
↓
（あれば）カビとりをする

お風呂後の掃除

ウタマロクリーナーをスプレーして、スポンジでこする。以前はお風呂専用の洗剤を使っていたが、いまはマルチに使える一本に。

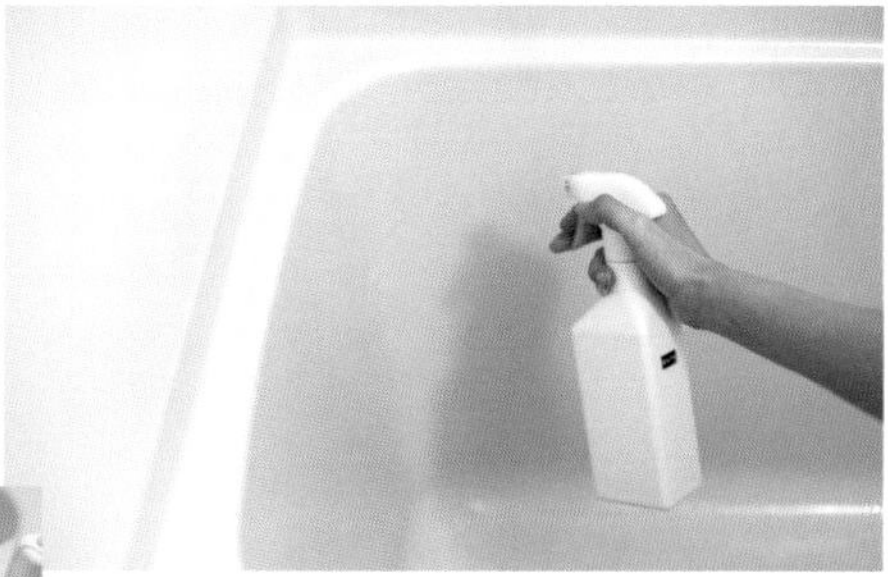

お風呂の椅子もウタマロとスポンジで洗い、水でよく流す。床に置きっぱなしにすると脚の底がヌルヌルするので、浴槽にかけておく。

愛用の掃除グッズ

セットにしてすぐ始められるように

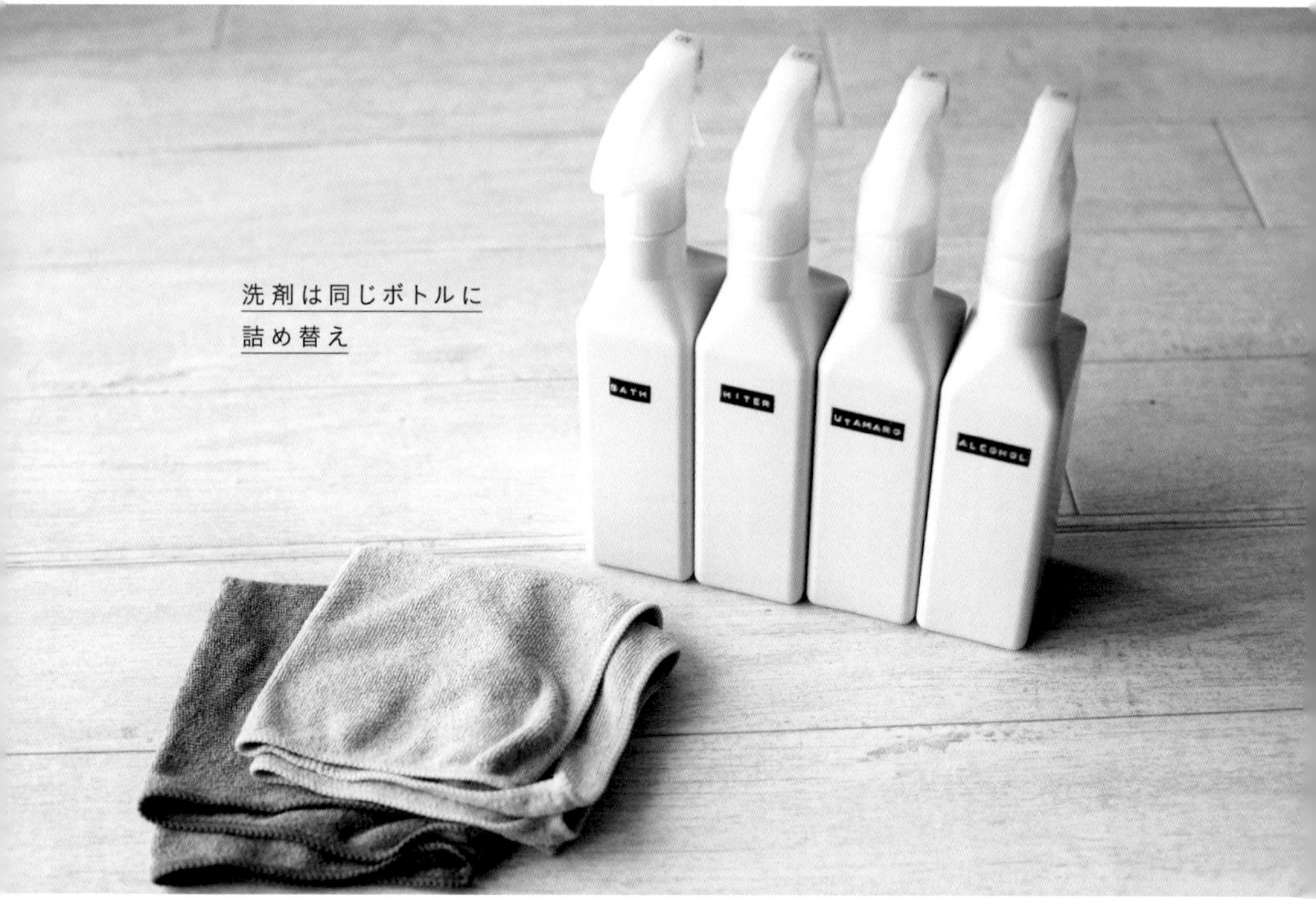

洗剤は同じボトルに詰め替え

掃除グッズはとくに、自分のお気に入りを揃えておくのをおすすめします。わたしの場合は、色みや形などの見た目がシンプルで、機能も優れているものが好みです。白やグレーのものをチョイスしているので、統一感と清潔感もアップします。

洗剤は同じボトルに入れ替えてラベリング。最近は詰め替え用がいろいろ出ているので、コスト的にも見た目的にも詰め替えるほうがすっきり気持ちいいと感じます。

また、掃除グッズはあちこちに置かず、ひとつの場所に決めて収納するのもポイントです。決まった場所にあれば、「掃除しよう！」と思い立ったときにすぐに取りかかれるし、残量やストックの数も把握しやすいと思います。

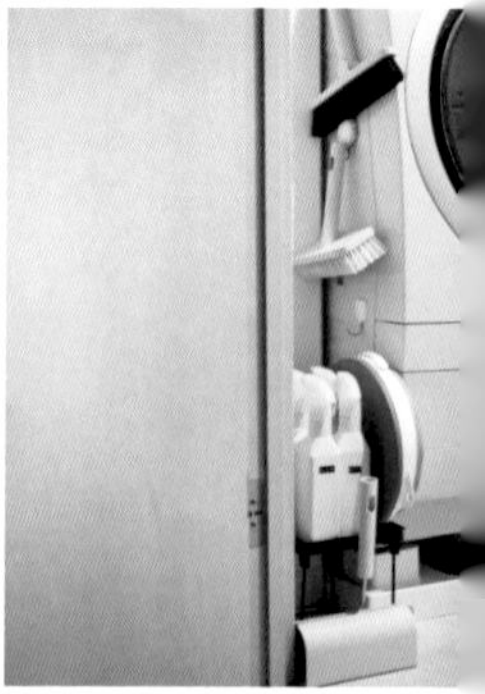

掃除グッズの収納場所は洗濯機の横。洗剤類は床に直置きせずコの字ラックの上に。

お風呂掃除

1

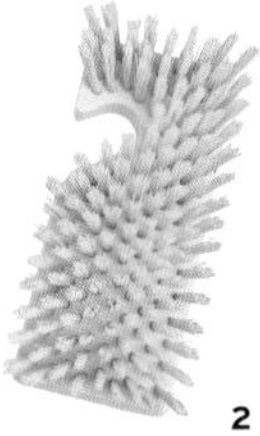

2

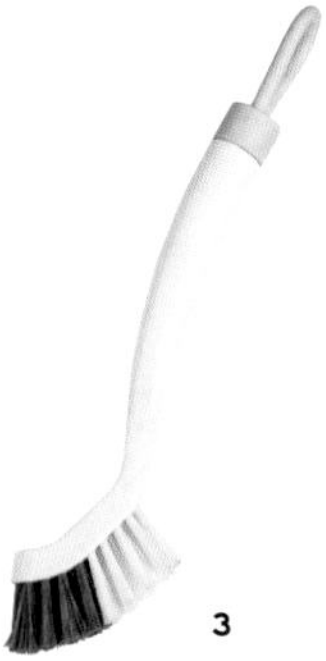

3

1「無印良品」のスポンジ。白でシンプルなところがお気に入り。
2「QQQ」のブラシ。ほどよい固さと持ちやすいところが◎。
3 同じく「QQQ」のブラシ。絶妙なカーブがよく考えられている。

ベランダ掃除

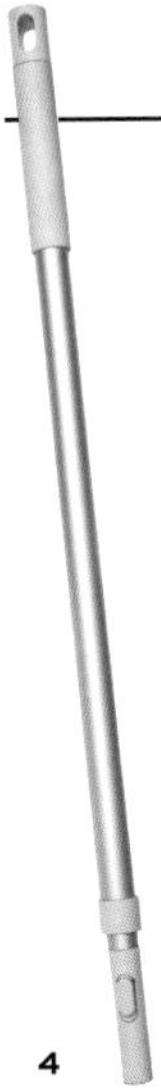

4

5

4「無印良品」のデッキブラシとほうき。ブラシ部分を取り外せて省スペースになる。

5「ART OF BLACK」の折りたたみバケツ。蓋付きでフックをかける部分もついている。

よく使うアイテム

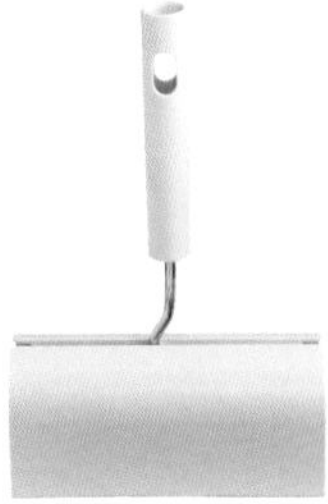

「無印良品」のコロコロクリーナー。自立することと、片手で出し入れができるところが優秀。シンプルな色と形状もお気に入り。

洗剤類はすべて「無印良品」（現在は販売終了のもの）のボトルに入れ替えている。ウタマロ 2 本、アルコール、漂白剤の 4 種類。

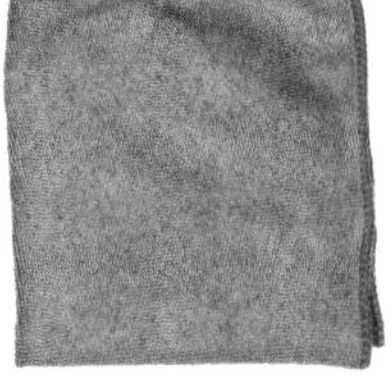

洗面ボウルと鏡の掃除に使っているマイクロファイバークロス。洗面所につけている長押にかけてすぐ手に取れるようにしている。

COLUMN

ひとり時間に読みたい本

本を読むのが大好きで、寝る前は読書の時間。
特に印象深かった10冊を紹介します。

1『博士の愛した数式』（小川洋子著・新潮文庫）
小川さんの本の中でとくに好きな一冊。80分しか記憶がもたない博士と家政婦の関係性が素敵。

2『オーデュボンの祈り』（伊坂幸太郎著・新潮文庫）
ルールも文化も世界とは全く違う、不思議な島での物語。残酷だけど魅惑のファンタジー。

3『白夜行』（東野圭吾著・集英社文庫）
映像化もされた名作。ミステリーというよりは、ひとつの作品として深く引き込まれた。

4『オー！ファーザー』（伊坂幸太郎著・新潮文庫）
最後の十数ページでそこまでの伏線がザーッと回収されて、一気に読んでしまう面白さ。

5『西の魔女が死んだ』（梨木香歩著・新潮文庫）
主人公と祖母のひと夏の思い出を描いている。人生のお手本にしたい大切な作品。

6『本日は、お日柄もよく』（原田マハ著・徳間文庫）
社会人になってから読んだ本。言葉の深さや伝えることの大切さを感じた。

7『裸でも生きる』（山口絵理子著・講談社）
母が著者の本が好きで、その影響で読んだ本。力強いメッセージで前向きな気持ちに。

8『東京藝大』（二宮敦人著・新潮文庫）
最高に面白くて元気になれる本。東京藝大に通う天才たちのことがよくわかる。

9『ストーリーのある50の名作照明案内』
（萩原健太郎著・トゥーヴァージン）
照明ひとつひとつに解説があり、歴史や時代背景なども知ることができる教科書的な一冊。

10『読みたいことを、書けばいい。』
（田中泰延著・ダイヤモンド社）
SNSや動画配信など、どうやって発信するべきなのか教えてくれる本。ヒントをもらえる。

PART 4

居心地のいい
部屋づくり

毎日のおうち時間を楽しむ

おうちは充電できる大切な場所

部屋づくりで大事にしていること

- 「居心地のよさ」を重視
- 色数を絞って統一感を出す
- 賃貸でも自分好みにする
- 服より部屋にお金をかける

ひとり暮らしを始めた大学時代は暮らしていくすべを覚えるのに精いっぱいで、いまのように部屋づくりを楽しむことはできませんでした。会社員になってからも日々忙しく、実際は時間も労力もかけられませんでした。

いまのように部屋づくりを楽しむようになったのはフリーランスになってから。改めて自分が好きなのは家のことだと思い、やればやるほど、インテリアへの興味や関心がムクムクと高まってきたのです。

わたしが部屋づくりで一番大切にしているのは、色です（詳しくは31ページ）。どういう部屋にしたいかわからない、悩んでいるという場合は、まず色について考えたり絞ってみたりするとうまくいくと思います。また、家具

を選ぶ際は、机やベッドなど面積の大きい家具を起点にして、その家具にほかの家具を寄せていくと調和がとれて統一感が生まれるのでおすすめです。

また、お部屋づくりの参考によく使っているのがインスタグラムやピンタレストのアプリ。世界中のインテリアを見ることができるし、ひとつ自分の好きな写真を選ぶと似た画像がたくさん表示されるので、イメージをつかみやすいと思います。

おうちの中心となる8.7畳の部屋。壁と床は自分で貼り替えをした。窓はひとつだけれど明るい光が部屋いっぱいに差し込み、グリーンもすくすくと育っている。

THEME

壁を飾るアイデア

いろんなものを飾って楽しむ

お部屋の雰囲気を変えたいときは、壁を飾るのがおすすめです。といっても、大きな絵を飾るのは賃貸物件にはハードルが高いので、わたしは紙ものをマスキングテープなどで貼っています。よく行くカフェのショップカードや、ＤＭ、ポストカード、パンフレットの一部、インターネットで購入したポスターなどを自由に組み合わせています。紙なら軽いですし、貼ったり剥がしたりも気楽にできるので、気分や季節で変えるのもいいかもしれません。最近は、インテリアショップやネットショップで紙ものを探すのも楽しみのひとつになりました。殺風景だなと感じていたお部屋も、壁を飾るだけでぐっと雰囲気がよくなります。

「リビング・モティーフ」で購入したイラストレーター「Kurt Kranz」のポスター集。

照明で部屋の雰囲気が変わる

夜はシーリングライトを消す

フィンランドに長期留学した際、一番驚いたのが照明の使い方。日本では煌々と明るい照明が各部屋についているのが一般的ですが、フィンランドの家ではそんなに明るい照明を各部屋につけているケースはあまり見かけず、代わりに暖色系の照明を使っていました。その空間にはじめは「ちょっとくらいな」と感じましたが、1ヶ月もしないうちに慣れて、むしろ落ち着くことに気付きました。なにより、心も体もリラックスできて、眠りにつきやすいと実感したのです。それからは照明の捉え方が変わり、寝る前はフロアライトだけでゆったり過ごすようになりました。照明はお部屋の雰囲気を大きく変えるので、インテリアの中で一番気になる・惹かれる存在です。

\ 憧れの照明 /

タリアセン2

巨匠フランク・ロイド・ライトの名作照明。いつか部屋に飾りたいと思っている憧れの一品。(YAMAGIWA)

布を活用する

広がる大判リネンの可能性

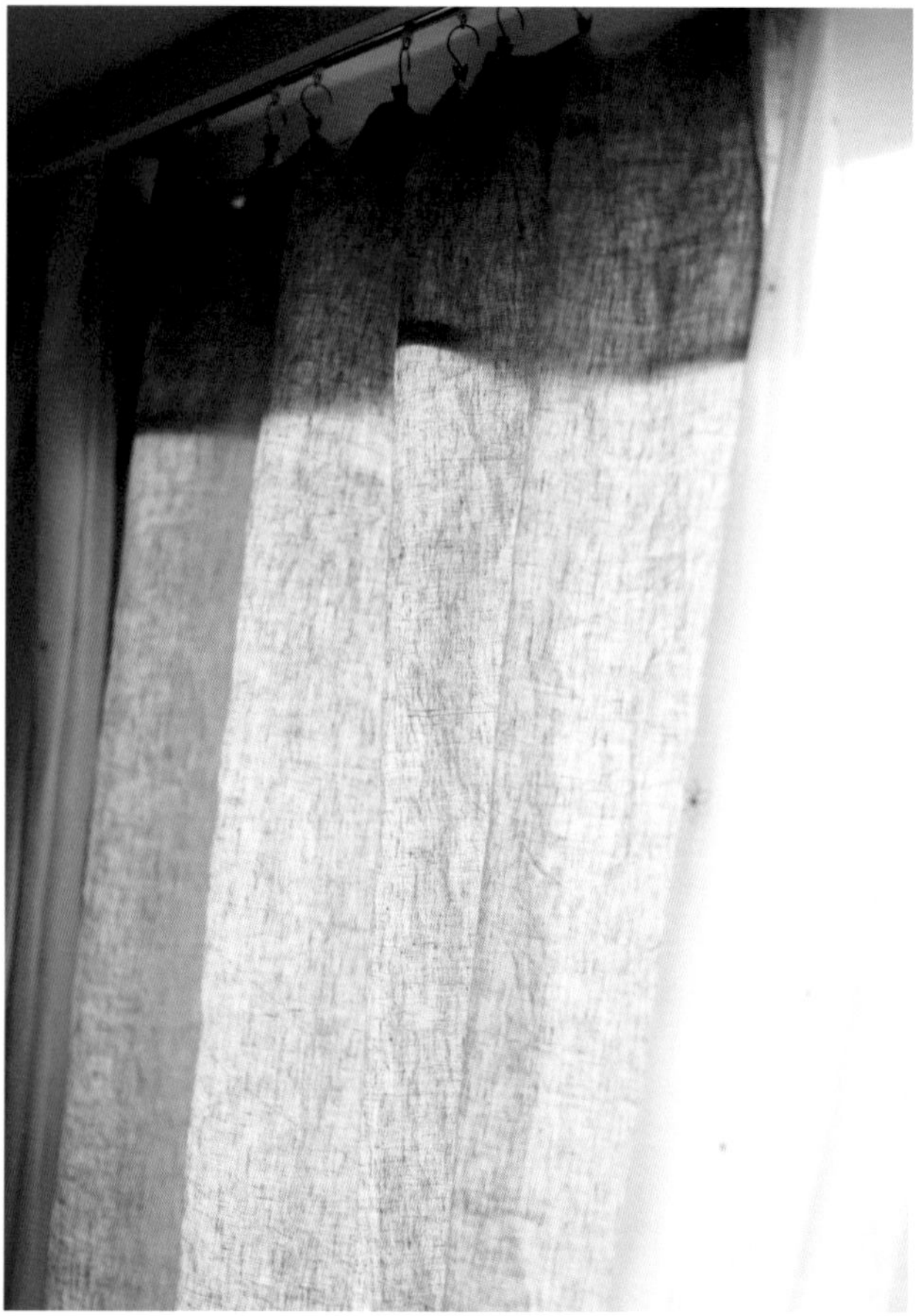

≪カーテンに使う

いまの家は8.7畳の部屋に大きな窓がひとつあり、以前は市販の遮光カーテンを使っていました。でも、遮光カーテンだと光を遮りすぎてしまうのが気になり、思いきって処分。次に選ぶなら視線は遮りながらも光が感じられる麻素材がいいなと思い探すことにしました。ただ、麻のカーテンは値が張るものが多く、ぴったりサイズにしようと思うとオーダーしないといけないこともあり、なかなかこれだというカーテンに出会えませんでした。そこで、東京・日暮里にある繊維街でリネンの布を購入してカーテン代わりにすると、ほどよい厚みとナチュラルな質感で金額的にも大満足！　今後、別の用途にも使えるように、ひだなどはつくらず、四隅を手縫いしました。

memo

- ほどよい厚みのリネンを
- 布なら汎用性が高い
- 目隠しとしても使える

目隠しに使う①》

かごの中身を結んで見えなくする

ハンガーラックの下に置いているかごの中に布を入れて。キュッと絞れば中身が見えないので手軽に目隠しにすることができる。大きさも変えられて洗えるのも◎。

《目隠しに使う②

電化製品の存在感をやわらげる

玄関近くにキッチンがあるので、レンジやトースターなど電化製品の目隠しにもリネンの布を活用。さりげなく存在感をやわらげることができる。

ベッドまわりをプチプラで
IKEAが大活躍

Look!

ひとり暮らしでお部屋にベッドがあるなら、ぜひ、ベッドカバーを使うことをおすすめします。ベッドカバーはあまり一般的ではないかもしれませんが、布団や毛布などをすっぽりと覆ってくれるので、生活感を抑えられて、視覚的にもすっきり。

わたしは、このベッドカバーをはじめ、ベッドまわりの多くを「IKEA」で揃えています。「IKEA」は種類やアイテム数が多く、シリーズで同じものを揃えることもできます。何より手ごろなので、気軽に買えるのもうれしいポイントです。わたしは、ベッドカバーは濃いめのグレーに、クッションカバーはベージュやネイビーなどをチョイスしました。単色でもいいですし、柄や色で遊ぶのも素敵だと思います。

ライトチェーンの照明も「IKEA」で。電池式で屋外でも使えるところが気に入っている。

「過ごし方」で配置を決める

一番いい場所にテーブルを

一番陽のあたる場所にテーブルを

最初のひとり暮らしだと、ワンルームや1K、1DKなどの間取りが多いと思いますが、家具をどのように配置するかでお部屋の雰囲気も大きく変わります。私の部屋には木のテーブルがあり、以前はこのテーブルを壁付けにして、窓際にはベッドを置いていました。

でも、会社勤めをやめてフリーランスになり、家で過ごす時間がぐっと増えたことをきっかけに、一番日当たりのよい窓際へ移動することに。すると、陽の光や暖かさを以前よりも感じることができて、これが大正解でした。机＝壁付けと思いがちですが、わたしにとっては、このテーブルが食事や仕事をするメインの場所なので、いまのこの場所がベストポジションです。

テーブルは、かつて使っていたものの脚を取り外して塗装し、一枚板をつけ直した。

有孔ボードを活用する

たとえばこんな使い方

ペンやはさみ、マスキングテープなどの文具類は、以前は背の低いチェストにしまっていました。けれど、よく使うものなのに、いちいち出し入れするのが面倒だし、かといってテーブルの上に出しっぱなしにするのは嫌だったので、有孔ボードを活用することにしました。数年前から注目を集めている有孔ボードですが、白いシンプルなものを「IKEA」で購入。文具類に使っていますが、汎用性が高いので、キッチンや玄関、洗面所などでも活躍してくれそうです。「IKEA」のものは、フックのほかに、小さなケースやトレイ、クリップなどオプションがたくさんあるのも楽しく、有孔ボードのサイズも豊富なので、アイデア次第でいろいろなアイテムを収納できます。

memo

- シンプルな有孔ボードを導入
- 細かいものもすっきり収納
- オプションの多い「IKEA」のものを
- いろいろな場所で活用できる

case 1 » キッチン

使いたいときにぱっととれる

よく使うキッチンばさみやピーラーはフックにかけ、軽量スプーンはボックスへ。トレイには調味料を並べて。マグネットで付ける丸い容器はスパイスを入れるのに最適。

case 2 » 玄関

忘れがちなものもここに

鍵や印鑑など細かいものも、有孔ボードを使えばすっきり片づく。収納力のあるトレイにはマスクを置いて。気になるＤＭやお知らせをクリップ留めできるのも◎。

case 3 » 洗面所

お手入れがここで完了！

洗面スペースに収納が少ない場合にも有孔ボードが活躍。収納力が高いので、メイク道具やヘアケア用品も十分に収納できる。空いたスペースに鏡をつけても。

はがせる壁紙シートで部屋は変わる

「好きな部屋」への意外な近道

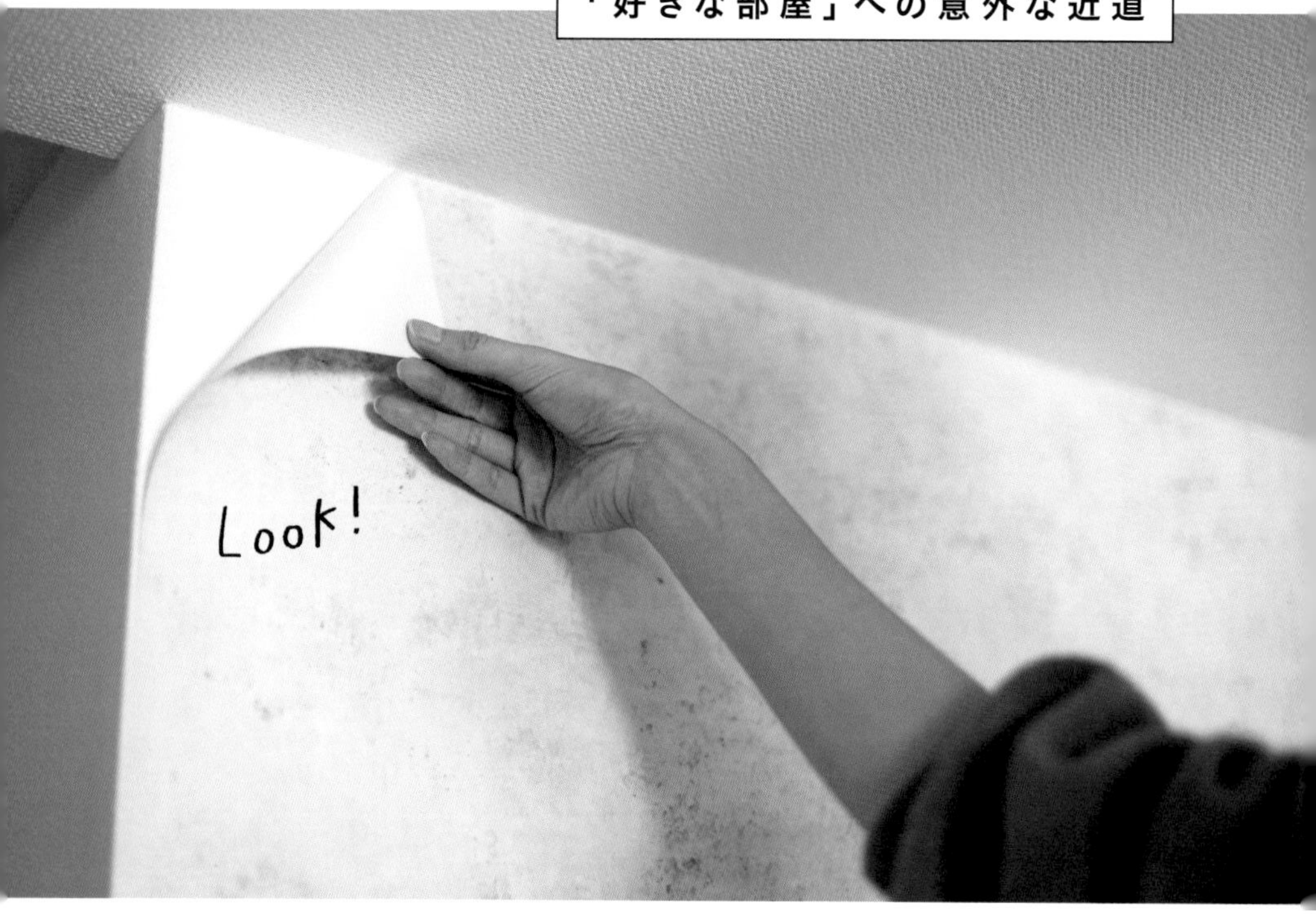

壁紙を変えると部屋の雰囲気は驚くほど大きく変わります。ですが、賃貸で壁紙を変えるのは難しいですし、壁紙に重点を置いて部屋を探すというのも、なかなかハードルが高いと思います。

そこでおすすめなのが、壁紙シートと弱粘性ののりを使う方法。最近は種類も増えて、日本のものや海外のものなど、さまざまなものが出ています。白やグレーなど単色でシンプルなものはもちろん、カラフルなものや柄モノもあるので、部屋の一面だけアクセントにするのもおすすめです。

壁紙を選ぶ際はできるだけ実物を見て選ぶのがおすすめ。ネット通販の場合もサンプルを送ってもらえる場合は、質感などを確認して比較検討して選びましょう。

床は白いクッションフロアをチョイス。賃貸用の剥がせるフローリング糊を使用。

気分に合わせて選ぶ

どんな気分で過ごしたいかによって壁紙を選ぶのも◎。
白に慣れているからこそ、ぐっと新鮮さを味わえそう。

癒やされたいときに。rasch社の
優しく淡いブルー（壁紙屋本舗）

元気がほしいときに。rasch社の
サーモンピンク（壁紙屋本舗）

優しくなりたいときに。rasch社
のグリーンモチーフ（壁紙屋本舗）

海外を味わいたいときに。rasch
社のボタニカル柄（壁紙屋本舗）

テイストに合わせて選ぶ

部屋をどんなテイストにするか迷っている人は壁紙から
始めてみては？　小物や布類も選びやすくなりそう。

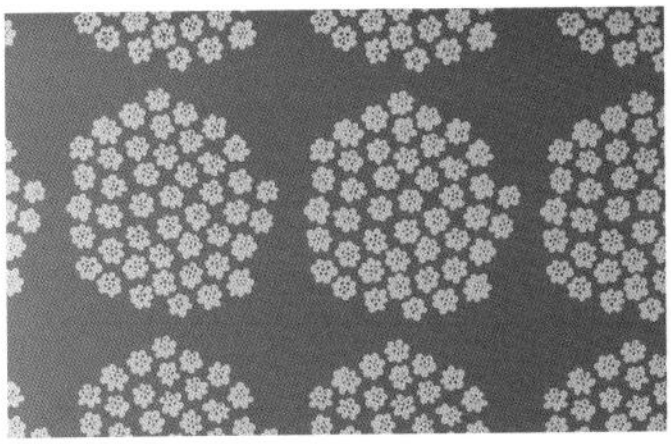

北欧が好きな人に。マリメッコの
「PUKETTI」（Style D'art）

モダンテイストが好きな人に。
rasch社のブラウン（壁紙屋本舗）

ナチュラルが好きな人に。rasch
社のウッド調の壁紙（壁紙屋本舗）

無骨なテイストが好きな人に。ra
sch社のグレーの壁紙（壁紙屋本舗）

COLUMN

理想の部屋を考えてみる

もっと居心地のいい部屋にするために。あなたの「好き」を書いてみてください。

Q1 理想的な床の色は?

Hanamori's eye》 少しヴィンテージ感のある白

Q2 窓の大きさは?

Hanamori's eye》 リビングの奥までたっぷり日光が届くぐらい大きく!

Q3 好きなインテリアのテイストは?

Hanamori's eye》 北欧調も好きだけど、最近はアンティーク調のお部屋も素敵だなあと

Q4 部屋の主役にしたい家具は?

Hanamori's eye》 やっぱり好きな照明

Q5 逆に置かなくてもいい家具は?

Hanamori's eye》 ひとり暮らしならソファ

Q6 部屋に使いたい香りは?

Hanamori's eye》 柑橘系などさっぱりした香り

Q7 一番多く持っているものは?

Hanamori's eye》 本

Q8 部屋の中に飾りたいものはある?

Hanamori's eye》 ある! ポストカード類

Q9 どれくらいの広さが理想的?

Hanamori's eye》 10畳

Q10 部屋で幸せを感じるときは?

Hanamori's eye》 ラジオを聴きながら料理をしている時（ちょっとだけお酒も!）

PART 5

毎日の
身だしなみ

自分のスタイルが見つかる服のこと

「わたし、この形が好きなんだ」と気づいた話

わたしの服の変遷

服の見直し・断捨離
→ 残った服は、似ていた
→ 自分の「好き」の気づき
→ 以前より、選ぶ基準をしっかり持てるように
→ 似合わないものを無理して買わなくなった
→ 買い物の失敗が減る
→ 好きな服ばかりのクローゼットに

以前は会社員だったこともあり、洋服や小物もいまより多く持っていましたが、ミニマリストの友人の家を訪れたのをきっかけに断捨離をした際、一番多く処分したのが洋服でした。ほとんど着ていないけれど、なんとなく処分できない……というものを思いきって手放したら、クローゼットはもちろん、気持ちもすっきりしたことをよく覚えています。

また、そのときに気づいたのは残すと決めた服には、色や形、デザインに統一感があり、派手な色や柄ものはほとんどないということ。その断捨離を経て、洋服に関しても自分の「好き」の基準を改めて知ることができたので、いまは買い物で失敗することも少なくなりました。また、少しずつ年齢を重

どっちにしようかな？

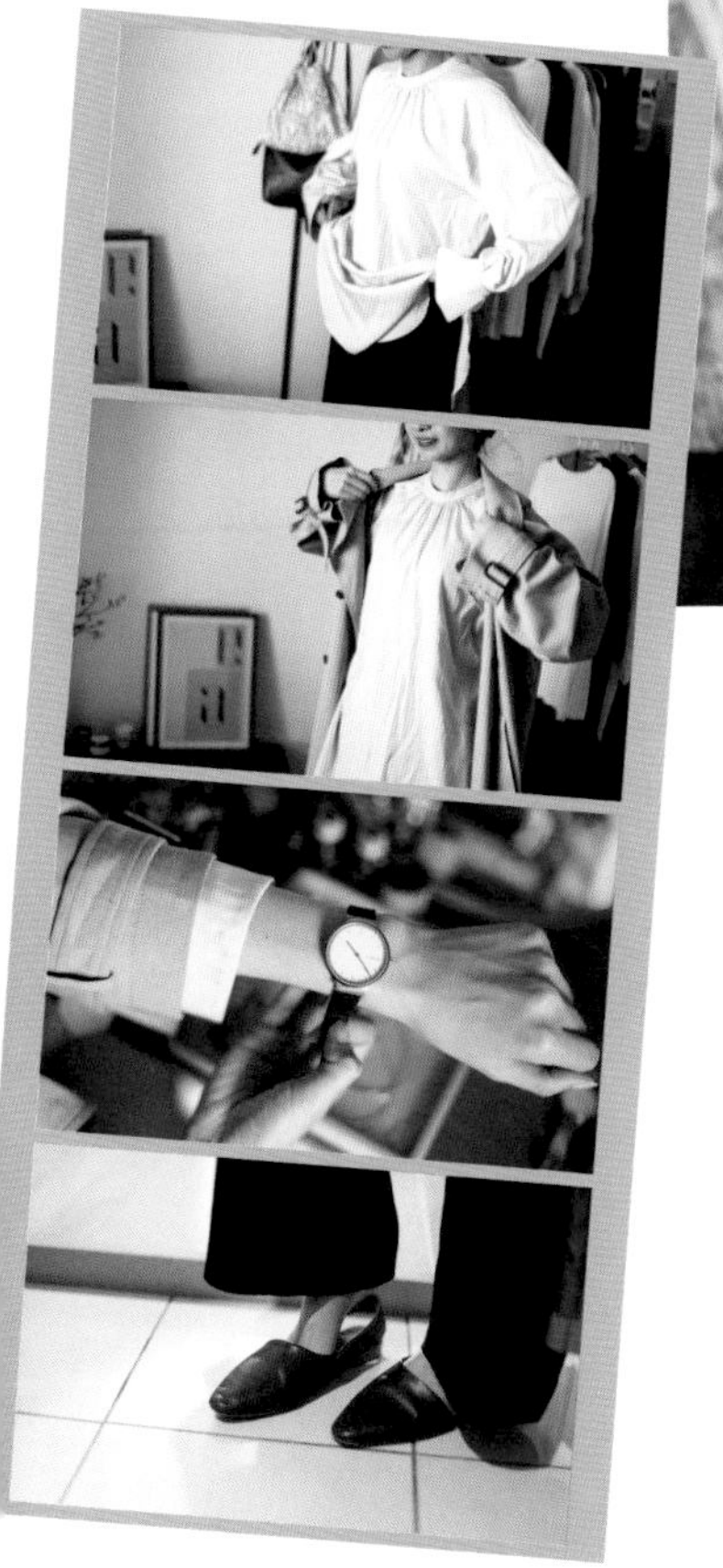

ねて自分に似合うものがわかるようになったのも大きいかもしれません。
　そうしてわたしの手元に残ったお気に入りの洋服たち。オンシーズンのものはクローゼットには入れずリビングのハンガーラックにかけています。せっかくのお気に入りの洋服をクローゼットにしまうのがもったいないですし、インテリアの一環とすることで、きちんとかけたり、一定量を保ったりすることもできるので気に入っています。

「W STANDARD」のインダストリアル鉄製ハンガーラック。こんなふうにお気に入りの洋服を並べると、白、黒、茶、グレーととくに好きな4色の洋服が多いことがよく分かる。

服選びのポイントを持つ

どんなふうに見られたいか、もひとつの基準

わたしの身長は１６０㎝。日本人女性の平均的な身長より、ほんの少し高いくらい、でしょうか。凹凸がない体形なので、普段はベルトをしたりトップスをパンツにインしたりと、体にメリハリがついて見えるようなコーディネートを心がけています。

右上の写真はネットで見つけて一目惚れしたワンピースです。背中にリボンがあるところが気に入って買ったのですが、前面は何もなくストンとしたAラインのデザイン。着てみたらシンプルすぎたため、胸の下あたりに手縫いでタックを寄せてみました。これがほどよいアクセントになって大成功！　以来、お気に入りの一枚になりました。左の写真も同様にきゅっと結ぶリボンが立体感を与えてくれています。

靴や鞄などはきちんと見えるよう黒を選ぶことが多い。これはオリジナルで製作した。

コーディネートは毎日変えなくていい

バリエーションより「お気に入り度」重視

いまより洋服をたくさん持っていたときは毎日違う洋服を着なければいけないと思っていて、アイテム数も自然と多くなっていました。でもいまはバリエーションの豊富さよりも、お気に入りの一枚を持つことを大切にしています。もともと洋服にはあまりお金をかけていないのですが、プチプラなものだとしても好きな色やデザイン、質感などをよく吟味して選ぶようにしています。

好きな服のトーンをわかっていれば、組み合わせもしやすいですし、仕事のときはこれ、プライベートにはこれ、と組み合わせをなんとなく決めておけばラクです。また、着る服を選ぶときや新しいものを買うときの失敗や迷いも少なくなると思います。

仕事のときはモノトーンスタイルが多い。黒のコンバースは一番よく履いている一足。

本当によく着ている服10枚

定番服が自分らしさにつながる

UNIQLOのTシャツ

ここ数年、夏になると決まって購入しているアイテム。ぴったりめのサイズをチョイスしていて、きれいめにまとめたいときに重宝。

item 01

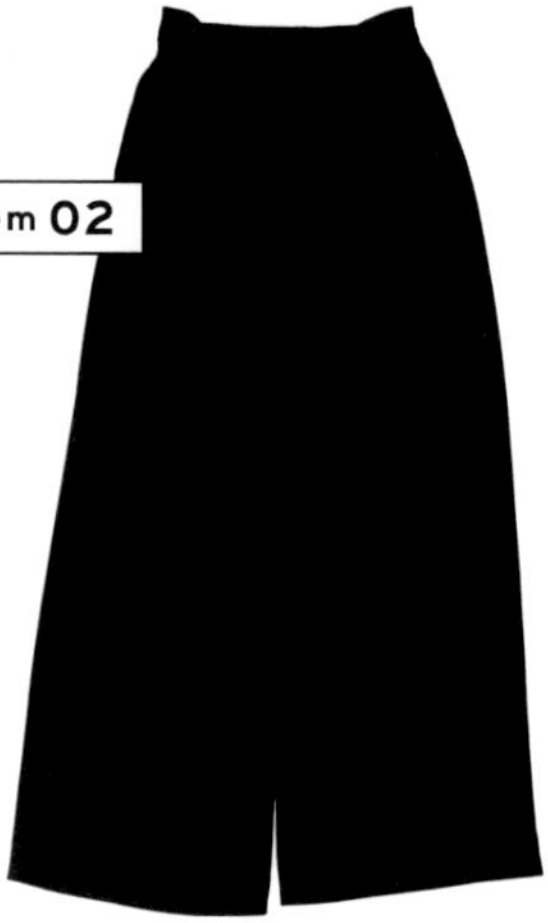

item 02

UNIQLOのパンツ

センタープリーツのワイドパンツ。しわになりくい素材できれいめに見えるのがポイント。長さもぴったりでヘビロテしている。

UNIQLOのノースリーブ

ブラカップ付きだから真夏でも一枚で着られるのがうれしい。スクエアカットでデコルテがきれいに見え、リブ素材で着やせ効果も。

item 03

item 05

nano・universeのシャツ

ほんのりベージュがかった色みと、手首のくるみボタンがお気に入り。長めなので細めのパンツやタイトスカートと好相性。

UNIQLOのパンツ

item02のパンツの色違い。白パンツは一本あるとコーディネートの幅が広がる。ワンピースに合わせることも。

item 04

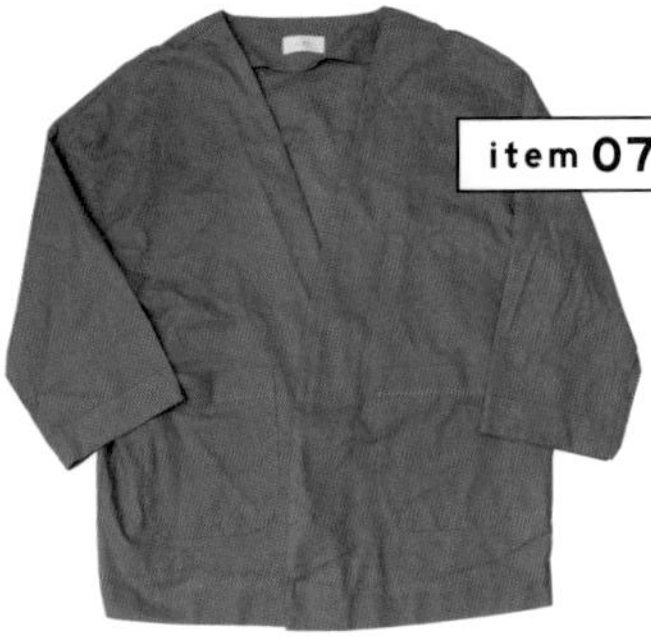

item 07

≪marjourのジャケット

肌ざわりがよく、肌寒いときにサッとはおれる軽い素材感がお気に入り。仕事でもプライベートでも着まわせる便利な一枚。

item 06

≪apart by lowrysのシャツ

7分袖のブラウス。前面はシンプルだけど背中が大きく開いたデザインがお気に入り。キャミソールを合わせて着ることが多い。

item 09

KBFのワンピース≫

足首くらいまである長めの黒ワンピース。さりげないスリットと袖の形、首の開き具合などが絶妙。一枚できれいに着られる。

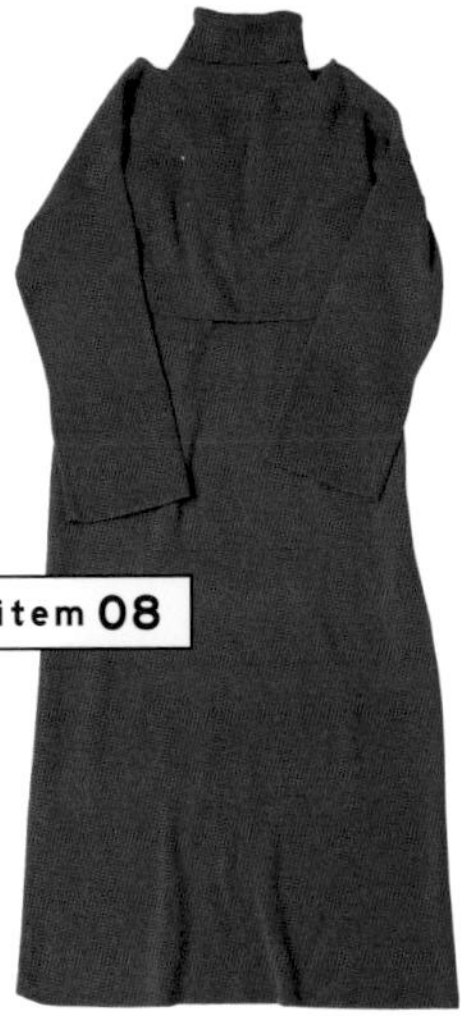

item 08

≪apart by lowrysのワンピース

タートルニットとノースリーブワンピのセットアップで別々にも着られる。袖のフレアや首元のスリットがお気に入り。

item 10

≪FREAK'S STOREのコート

オーバーサイズでゆったり着たくて選んだ一枚。柄もののワンピースに合わせたり、パンツと合わせるときちんと見えて◎。

メイクはシンプルに

肌にやさしいもの中心で

化粧品も洋服と同様、以前はいろいろ持っていて流行を追うこともあったのですが、年々シンプル志向になりました。直接、肌に触れるものなので、リップ以外はオーガニックのものや肌にやさしいものを自然と集めるように。特別なクレンジング剤を使わなくても落とせるというのも選ぶ際の大きなポイントです。色のものも、洋服のトーンに合わせて、肌馴染みのよいアイテムを使っています。

　以前、肌診断をしてもらったところ、わたしの肌は乾燥性敏感肌でした。そこで、洗顔料や化粧水、乳液などのスキンケア類も、無香料で原料の種類が少ないシンプルなものを選んでいます。すっきりしたデザインであることも大事なポイントです。

1 リップは「NARS」、「メイベリン」、「ニベア」。アイシャドウは「エトヴォス」。
2「ナチュラグラッセ」の下地兼ファンデーションに「エトヴォス」のパウダーで仕上げる。
3 上から、お湯で落ちるタイプのアイライナー、マスカラ、眉マスカラ、アイブロウ。

アクセサリーを仕上げに

トレイにひとまとめにして

　ピアスが好きで〝ちょっとそこまで〟というときも必ずピアスはつけていきます。人からプレゼントされたもの、タイで購入したもの、日本の作家さんもの、母から実家を出るときに贈られた真珠のピアスなど、少しずつお気に入りのものが集まってきました。上の写真の手前にあるゴールドとベージュのピアスは３００円ショップ（！）で購入したもの。合わせやすい色合いですが、ほどよく存在感があり、かなり使えます。洋服はシンプルにして大ぶりなピアスをワンポイントにするコーディネートが好みです。

　アクセサリーは作家さんもののコンクリートのトレイにのせて、身支度コーナーに置いています。ちなみに腕時計はアクセサリートレイの隣に並べて、こちらも服に合わせて選んでいます。出かける前に鏡を見ながらピアスをつけたら、準備は完璧です。

お気に入りコーデ8選

小物や靴で変化をつけて

友人とお出かけ

パンツルックで動きやすく

オレンジブラウンのパンツが目を引くコーデ。ほどよい透け感のブラウスは背中が大きく空いていて、普段はあまり選ばない服だけれど、仲のよい友達ならこれくらい着てもいいかなと思って着ている。バッグとパンプスもポイント。

item

シャツ	apart by lowrys
ボトムス	apart by lowrys
靴	apart by lowrys
バッグ	LOWRYS FARM
ピアス	BEAMS
リング	ete、Luce macchia

家でゆっくりする日

ゆったりワンピでくつろいで

ベージュのワンピースは前後どちらでも着ることができる2wayタイプ。スウェット素材なのでお手入れがしやすいく、家でのリラックスタイムに◎。レギンスを合わせて、とことんリラックスできるスタイルに。普段はコンタクトだが、家では眼鏡が定番。

item

ワンピース	marjour
レギンス	UNIQLO
眼鏡	JINS

item

ニットワンピース	apart by lowrys
シャツ	UNIQLO
ショートブーツ	marjour
バッグ	オリジナルで制作したもの
時計、ブレスレット	SKAGEN
パールピアス	MIKIMOTO

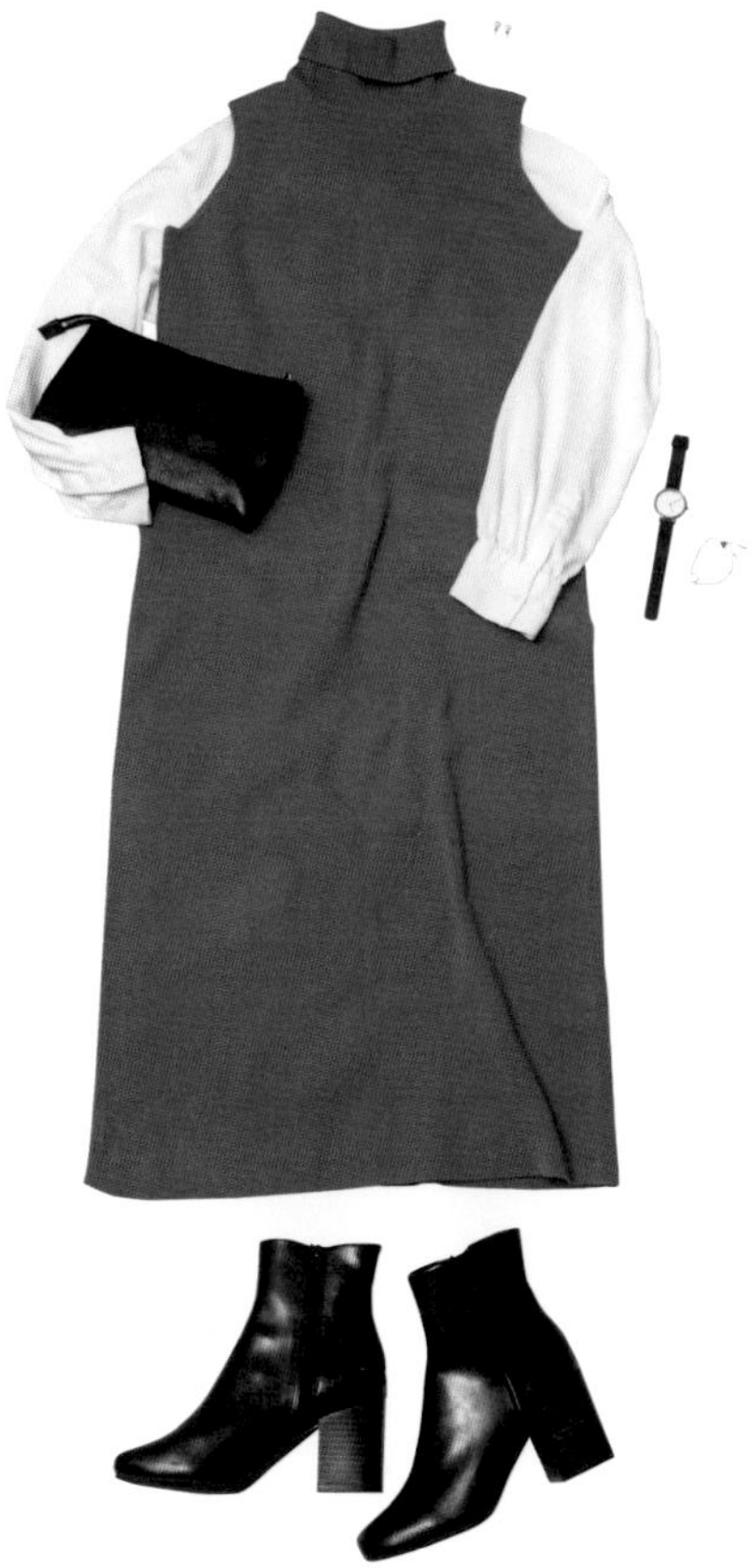

おめかしして食事

小物は黒で揃えて

もっぱらパンツ派だけど、とっておきのときはワンピースにヒールをプラス。ノースリーブワンピースに白いブラウスを合わせたレイヤードスタイル。小物はすべて黒で統一してきちんと感をプラス。

アウトドア

デニム＋スニーカーで軽やかに

キャンプに行ったりピクニックをしたり、アウトドアのときはとにかく動きやすさを重視。といっても、メンズライクになりすぎるのもつまらないので、アウターは白いものを合わせて。小物は黒いものが多く、リュックとスニーカーも黒をチョイス。

item

アウター	Columbia
タートルネック	GU
デニム	UNIQLO
スニーカー	NIKE
リュック	GREGORY

item

ロングワンピース	KBF
サンダル	PLAKTON
かごバッグ	green label relaxing
ピアス	BEAMS

夏のお気に入り

かごバッグで涼やかに

長めの黒ワンピースをさらりと一枚で着るのがお気に入り。ワンピースはストンとした形なのでウエストに細いベルトを巻いてポイントに。かごバッグやサンダルで夏っぽさをプラスして。コーディネートに合わせてアクセサリーもシンプルなものを。

春のお気に入り

辛めパンプスでマニッシュに

ほどよい透け感やとろみのあるブラウスが好きで春先にはとくに着たくなる。白や薄いグレーなどのブラウスに濃い色のパンツを合わせるのが定番。「UNIQLO」のパンツはセンタープレスが入っていてブラウスとも好相性。女性らしい小物で軽やかに。

item

ブラウス	nano universe
パンツ	UNIQLO
パンプス	ROVERETO
バッグ	LOWRYS FARM
シルバーピアス	trois bijoux
バングル	ajiro

冬のお気に入り

ワンピ＋パンツであったか

お気に入りのベージュと白の組み合わせ。大きくスリットが入ったワンピースは白のパンツと合わせるとベトナムのアオザイのようになってかわいい。オリジナルでつくったバッグはショルダー部分が取り外せてクラッチバッグとしても使える。

item

ワンピース	marjour
パンツ	UNIQLO
靴	ROVERETO
バッグ	オリジナル制作
バングル	ajiro

秋のお気に入り

黒とグレーのシックなコーデ

夏が終わって秋らしくなると気になるのは、モノトーンのシックな装い。ウール素材のグレーのパンツに、黒のタートルニットを合わせて。ブーツとバッグは黒い革で統一、コートも黒で引き締めて。仕事の打ち合わせなどにも使えるきちんと感のあるスタイル。

item

コート	LA MARINE FRANCAISE
タートルネック	GU
ハイウエストパンツ	apart by lowrys
ブーツ	MACKINTOSH PHILOSOPHY
バッグ	オリジナル制作
ゴールドピアス	3COINS
時計	SKAGEN

COLUMN

お気に入りのケアアイテム

毎日のヘアケア・スキンケアに欠かせない、リピートアイテムを紹介します。

ビオデルマ
Sensibio サンシビオ
エイチツーオー

敏感肌でも使えるクレンジング。しっかりメイクもきちんと落ちるのに刺激は少なめ。

YAY
follow ワックスタイプ

柑橘系のアロマオイルが含まれていて重めの使用感。アップヘアを楽しみたいときに。

ダヴィネス
オーセンティック オイル

髪をおろすとき、少量つけるとほどよい束感が出る。香りが強すぎないのもポイント。

IHADA
イハダ 薬用ローション

高精製ワセリンが含まれる化粧水。これを使いはじめてから肌トラブルが減ったと実感。

IHADA
イハダ 薬用エマルジョン

化粧水と合わせて使用。ベタベタし過ぎず使いやすい。シンプルなパッケージも◎。

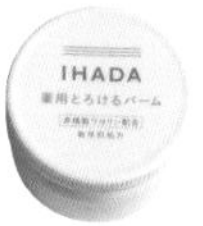

IHADA
イハダ 薬用バーム

高精製ワセリンだけれど、肌に伸ばすとスーッととろける。乾燥がひどいときに愛用。

ケラスターゼ
フルイド オレオ リラックス
（洗い流さないトリートメント）

長年愛用しているトリートメント。これをつけて髪を乾かすと驚くほどサラツヤになる。

ハトムギ化粧水

お手ごろ価格だけれど十分しっとり。顔だけでなく全身にも使えるので１本あると便利。

LA CASTA
アロマエステ エキストラ
モイスト ヘアマスク

植物エキス配合のヘアマスク。週に１回程度使うとパサつきやごわつきが押さえられる。

ビオデルマのクレンジングとハトムギ化粧水は詰め替えています。

PART 6

ひとり暮らしだから

気をつけること

心も体も元気で過ごすために

フリーランスだからこそ、リズムをつくって

元気に過ごすために大切なこと

- 運動を習慣にする
- 「もしものとき」に備える
- しっかり休む
- 自分でつくった料理を食べる

実家暮らしのときや学生時代、会社員時代は朝起きる時間、寝る時間などがおのずと決まってくるため生活リズムをつくりやすかったと思います。でもいまは、ひとり暮らしかつフリーランスで仕事をしているため、時間や曜日に縛られることは以前よりも少なくなりました。その分、崩そうと思えばどれだけでも崩せてしまうというデメリットもあります。でも、そんな生活をしていたら体調が悪くなるのは目に見えていますよね。

　わたしが一番大切にしているのはメリハリをつけること。仕事は夕方5時で一度切り上げ、土日は休むと決めています。やることが溜まっていても翌日できることは無理に夜遅くまでやったり、土日の休みを返上してまではや

さぁ、
マスク洗おっと

らないのがマイルール。無理に詰め込んでしまうとかえってペースが乱れますし、パフォーマンスも低下してしまいます。

　また、土日はできるだけ家にこもらずに外出を。ネットではなく直接見たり触れたりすることで沸いてくるアイデアもあるし、何よりも気分のリフレッシュにつながります。働くときと休むとき、うまくメリハリをつけて心も体も健やかでいたいです。

友人を家に招いて家ごはん。誰かと一緒に食べるときは、大皿でどん！ と出せるものを。写真は香味たっぷりのねぎだれソースをかけた油淋鶏風から揚げ、ほうれん草のおひたし、ポテトサラダ、ねぎと卵の中華スープ。

1日にリズムをつくる

午後5時がジムへ行く時間

1年ほど前からスポーツジムに通っています。フリーランスになって生活にメリハリをつけたいと思ったのと、一日中座って仕事をしていたら腰が痛くなったのもきっかけのひとつです。

ジムでは自分に合ったメニューを作ってもらい、マシンを使って1時間ほど汗を流しています。通い始めてから腰痛もすっかりよくなって、体力も前よりつきましたし、何より気持ちが前向きになりました。

基本的には月~木には毎日ジムへ行くと決めています。気分がのらないときもありますが、行って体を動かすと頭もからだもすっきりしますし、ジム内のサウナに入るのも楽しみなので、毎日続けられています。

ほぼ毎日、17時には一度仕事を切り上げてジムへ行く。時間を決めるのも長続きさせるコツ。

目標を設定する

達成のご褒美も楽しみに

ここ数年、年末にその年の反省と来年やりたいこと、来年の目標などを決めてノートに書き出しています（ノートの詳細は100ページへ）。上の写真のカメラは、その目標を無事に達成したご褒美と「これからもっと動画を頑張るぞ！」と気合いを込めて自分に購入したもので、YouTubeの動画作成に活躍してくれています。

そんなふうに、仕事の目標を立てることもあれば、お金をいくら貯める、どこへ行くなど、ちょっとした目標や予定も書き出すように習慣づけを。書くことで頭の中を整理したり再認識したりすることができるのと、ノートを開くたびに目に留まるので、意識が高まって結果として達成への近道になるような気がしています。

カメラは2台あり、どちらもキャノンのもの。青みが強く肌色がきれいに発色される。

散歩で気分転換

行き詰まったら、いったん外へ

わたしはYouTubeに暮らしまわりの動画をアップするほか、お客さまの物件へ伺い、壁紙を貼ったりインテリアを選んだり内装関連の仕事も行っています。自宅で仕事をする日は午前中は動画の撮影をして、午後は内装のお仕事もしくは編集作業のほか、次の動画のための用意や台本作成、企画考案、素材集めなどをしています。

　基本的には自分のペースでできますが、やらなければいけないタスクが溜まり煮詰まってしまうことも……。そんなときは無理にやっても効率が下がるばかりなので、いったん休憩。外に出て散歩がてら歩いて好きなドリンクを買うと、「よし、これを買ったからには帰ってまた頑張るぞ」とプラス思考になり仕事の効率もアップします。

コーヒーをテイクアウトしておうちへ

仕事を休んだ時期のこと

休んで見えてきた、やりたいこと

2019年の6月にそれまで勤めていた不動産関係の会社を退職しました。転職先は未定でしたが、半年間と期間を決めてその間生きていけるお金を貯めました。漠然と動画をつくったり壁紙を貼ったりする仕事は続けていこうと思っていました。大学を卒業して4年3ヵ月ほど働いた27歳のころ。このまま走り続けるのもいいけれど、いったん立ち止まって仕事をしないゆっくりした時間を持ちたいと思ったのです。

結果的にフリーランスになり動画やインテリアの仕事をしていますが、この期間がとても大切だったと感じています。日本人は真面目で勤勉で、休むことに対してどこか悪いことだと思う風潮がありますが、ときには休息も必要。休んだからこそ見えてくるものもあると思います。

転職先を決めていなかったので、周囲には心配されましたが、あの空白の期間が、自分には必要でした。

情報を1冊のノートにまとめる

仕事もアイデアも電話のメモも

　3年ほど前から1冊のノートにすべての情報をまとめるようにしています。以前は手帳のほか、仕事関係、インテリア関連と、それぞれノートを分けていたのですが、情報があちこちにいってしまうので、いっそのことすべて1冊にまとめてみよう！と試したところしっくりきたのでそのスタイルを続けています。

　使っているのは「無印良品」のA5サイズの方眼ノート。見た目がシンプルなうえ、軽くて薄く、ページの内側ギリギリまで書き込みやすいのがポイントです。内容は仕事関連のメモのほか、気になるインテリアや家具のこと、動画のラフや、今後の目標など……。書くことで頭の中が整理され、よいアイデアが生まれやすい気がします。

memo

- ジャンルを問わず書き込む
- 持ち歩くことを考え、薄くて軽いものを
- 付箋やカレンダーをつけてカスタマイズ

ノート、こんなふうに使っています

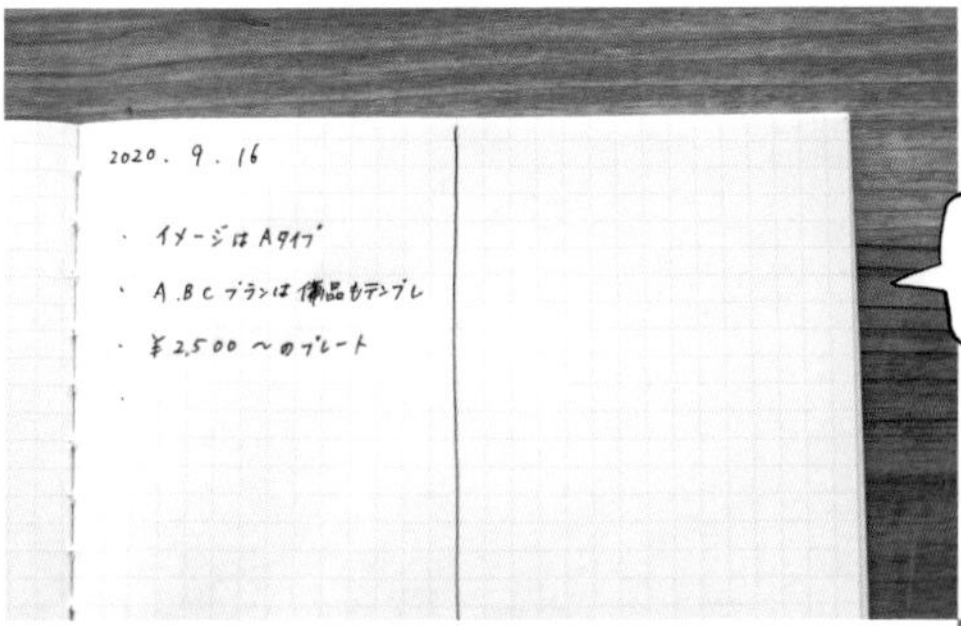

電話中のメモも
ここにとる

日付をつけて、検索しやすく

真ん中に縦に罫線を引いて、日付を書く。たとえば、過去に頼んだ壁紙の品番など、忘れがちな情報もスッと取り出すことができる。

末尾にはふせんやふせんメモを準備

ノートの最後のページには、ふせんをつけて。スケジュールにつけたり、出先でメモ代わりに使ったりと、思いのほか重宝する。

マンスリー手帳をつけて予定管理も

カレンダーは1カ月分を俯瞰で見られる薄いマンスリータイプのものを使用。ノートの最初の見開きにダブルクリップで留めている。

お金の管理はきちんと

アプリで使用内訳がわかるように

紙に家計簿をつけたり封筒に分けるお金管理をしたりしていましたが、どちらも続かず……。いまはマネーフォワード MEというアプリを使っています。履歴の残るカード払いや電子マネーで支払いをすると自動で家計簿をつけてくれ、グラフ化もされるため、何にどれくらい使ったのか一目瞭然です。また、銀行口座との連携もできるため、どの口座にどれくらい貯金があるかもきちんと把握できます。

大切なのは、きっちりやることではなく大まかにでもいいからお金の流れと何にいくら使ったかを「把握」すること。それが分かれば、無駄を省いたり、収入と支出のバランスをよくしたりできると思います。

マネーフォワード ME

使用しているのは「マネーフォワード ME」。シンプルで使いやすくセキュリティ面も安心。

インテリアにはお金をかける

長時間過ごす部屋を大切に

以前は洋服やコスメ類にもある程度お金をかけていましたが、いまはインテリアにかける比重が大きくなりました。年々、家の中を整えることや暮らしを心地よくすることに興味が増してきたからです。

写真の椅子はアーコールのクエーカーチェア。ずっと探していてようやく手に入れることができました。今はデザインや機能性、手持ちの家具や部屋の雰囲気に合うか吟味して、少しずつお気に入りを増やしています。いい家具＝高価なものとは限りませんが、高いのには理由があり、使い込むほどそのよさがわかってくるような気がするんです。使ううちに、その家具が生まれた背景や歴史にも興味が湧いてくるので、本当に奥深い世界だなと思います。

memo

- ひとつずつお気に入りを増やす
- 手入れをして長く使う
- 暮らしや住まいが変わっても使えるものを

道具をお手入れする

わたしの鉄フライパンの場合

お気に入りのものを長く使うために、お手入れも普段の生活の中でできる範囲でやっています。

写真の鉄のフライパンは「木屋」で購入したもの。このフライパンでお肉を焼くととびきりおいしい！　鉄製のため、使ったあとはフライパンが温かいうちにたわしなどで洗ってよく流し、完全に水けを飛ばしてから、油を熱してキッチンペーパーなどで拭き取るようにしています。フッ素樹脂加工のフライパンなどに比べると重さもありますし、この一連のひと手間がかかりますが、次に使うときのことを思うと、この手間さえもいとおしく思えます。

キッチンばさみや包丁などほかの台所道具や靴のお手入れをするのも好きな時間です。

memo

- ■お手入れの時間や手間も楽しんで
- ■お手入れすることで愛着も増す
- ■スニーカーは洗剤を入れたお湯でつけおき洗い

防災グッズの準備はしっかりと

リュックにまとめて玄関に

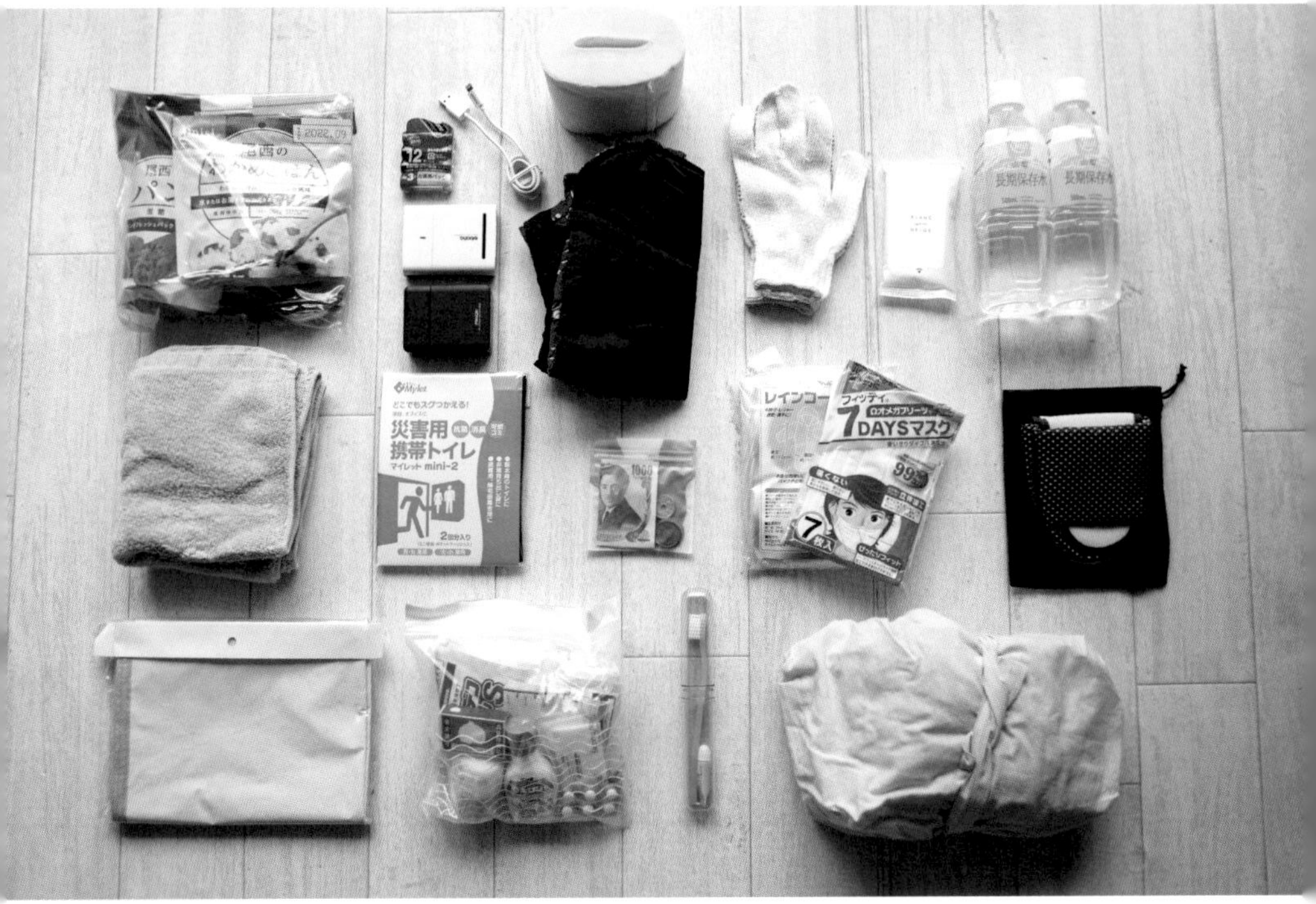

子どものころ、両親は共働きでともに学校の先生をしていたため、非常事態に家に帰ってこられるかわからないという環境でした。そのため、母が子どもたちにもひとつずつリュックを用意してくれ、その中に必要最低限の防災グッズが常備されていました。そのときの経験もあり、防災グッズはしっかり準備しています。

中身はミネラルウォーターや非常食のほか、バッテリー類、着替え、薬、お金なども。写真以外にも、水やカップ麺、レトルト食品などを常備していてそれらはまとめて冷蔵庫の上の箱に保管。ついつい賞味期限を確認し忘れてしまうので、毎年春にチェックするようにしています。これも母からの影響で続けていることです。

上の写真の防災グッズをリュックにすべて入れ、玄関の靴箱の一角へ置いている。

体調管理はシンプルに

無制限に忙しくしない

防災用具と同じく、ひとり暮らしだからこそ体調管理には気をつけるようにしています。といっても、変わったことをしているわけではありません。適度な運動をするほか、規則正しい睡眠、食事などに気をつけるといった基本的なことです。また、夜は必ず湯船につかるようにしています。湯船につかると疲れがとれてリラックスでき、シャワーだけのときより眠りが深くすっきり起きられる気がします。

　体はとても丈夫なほうですが、風邪をひくときはまず喉からくるタイプ。そんなときは、のどに効くと言われている大根をたっぷりおろしてあたたかい鍋と一緒に食べるのが定番です。早めに対策してこじらせないようにしています。

以前はジャージを着て寝ていたこともあるが、いまは必ずパジャマを着て寝ている。写真は「無印良品」の縫い目のないパジャマ。

どんなに暑い日でも欠かさず湯船につかっている。湯船にじっくりつかって汗をダラダラかいたあとに飲む炭酸水が最高においしい！

香りを味方につける

1日の始まりに数滴

朝起きたときや気分を切り替えたいとき、リラックスしたいときなどには、アロマオイルの香りに助けてもらっています。あまり強すぎず、ほどよいものが好みで、最近のお気に入りはレモンやライム、ユーカリやローズマリーがミックスされたもの。柑橘やハーブなどのすっきりした香りはお部屋にスッと馴染みます。写真は「無印良品」の「おはようブレンド」。「ＴＡＤＡＩＭＡ」のウッドディッシュに数滴垂らすと、香りがお部屋全体にやさしく広がります。

香水や髪用のコロンもときどき使いますが、甘い香りのものはあまり得意ではないので、どちらもさっぱりとした香りです。いい香りをかいで深呼吸すると、心も落ち着きます。

COLUMN

お金の使い方を見直す

無意識に毎日使っているけど、大切なもの。
いま自分がどんなふうに使っているか確認してみませんか？

Q1　月の固定費はいくら？
＊家賃、光熱費、通信費など毎月必ずかかるもの

Q2　毎月貯金したい額は？

Q3　家計管理はしている？

Q4　あまりお金をかけたくないものは？

Q5　お金をかけたいと思っているものは？

Q6　食費はどれくらい？

Q7　ボーナスなど臨時収入の使い道は？

Q8　おこづかいの使い道は？

Q9　口座はいくつ持っている？　多い？　少ない？

Q10　予備費は準備している？
＊冠婚葬祭など、急な出費のための予算

Q11　貯金の使い道は？

Q12　どれくらいの収入が理想？

PART 7

暮らしの楽しみと

季節のこと

いつもの毎日を好きになる

自分の基地を整えて、楽しむ

日常を楽しむために大切にしていること

- おうちの中の楽しみを持つ
- 部屋に手を加えていく
- 花や植物を取り入れる
- 四季の家事や楽しみ

左の写真に写っている赤い実はウィンターベリーという植物で、近所のお花屋さんで購入し、秋に部屋に飾っていたものです。あえてドライにして、冬にはほかのグリーンと合わせて小さなクリスマススワッグをつくりました。

　ほかにも、小さなグリーンを育てたり、お気に入りのドリンクのレシピを増やしたり、家事がスムーズにできるように工夫したり。ちょっとしたことですが、日々の暮らしが楽しくなるようなことを増やしたいと思っています。ひとり暮らしだとスペースも限られてしまいますし、家族や友人と一緒に住んでいるわけではないからと、ついつい後まわしにしてしまうこともあるかもしれません。けれど、せっかくならおうち時間を気分よく過ごしたいです

赤い実が
部屋の彩りに

し、帰ってくるのが楽しみになるような空間をつくれたら、ハッピーでいられるのではないでしょうか。

　わたしも、いままで以上に暮らしのことを考えていきたいと思っています。インテリア関連では、ひとり暮らしでもできるＤＩＹをもっと試したり、自分の好きな家具も少しずつ増やしていけたら。また、四季折々に合わせた家しごとや行事なども積極的に楽しみたいと思っています。

旅がおしえてくれたこと

北欧への留学で気づいたこと

高校の英語教師になりたくて大学に進学しましたが、アルバイトで塾講師を2年程続けるうちに「先生、向いてないかも……」と進路に悩むように。そんなときフィンランドに留学できることを知り、よい経験になるのではと留学を決意しました。

留学をして一番、印象的だったことはフィンランド人の住まいに対する考え方でした。賃貸や持ち家など関係なく、どの世代の人たちも住まいに時間やお金、労力をかけていて、自分たちらしい暮らしを大切にしているのです。それがとても衝撃的で、インテリアや住居に関わる仕事がしたい！と将来の目標が明確になりました。いまでも、このフィンランドでの経験がわたしの原動力になっています。

1「グレゴリー」のリュックは長年愛用している旅の相棒。たっぷり入って軽いのが◎。
2 お化粧ポーチ。サンプルなども利用し、コンパクトな量にまとめている。
3「estaa」の晴雨兼用の折りたたみ傘。120gと軽いのに骨組みがしっかりしている。
4 8のトラベルポーチとセットになっているランドリーポーチ。下着などを収納。
5 オリジナルで制作したバッグ。ショルダー部分が取り外せてクラッチにもなる。
6「無印良品」の吊るせるポーチ。ホテルや旅館の洗面所にかけられて便利。
7 トラベルポーチはネットで購入したもの。グレーと黄色いロゴがお気に入り。
8 トラベルポーチに衣類を収納。チャックで閉じられるメッシュ素材になっている。

フィンランドの思い出

フィンランド人で一番仲がよかった友人から帰国する日にもらったイッタラのマグカップと、インターン先からもらった小物入れ。

1 フィンランドの北部にあるラップランドにルームメイトとオーロラを見に行った。

2 授業の合間に１年でおよそ80件のインテリアショップを巡り、照明に惹かれ始めた。

3 １カ月のインターン経験をした社長さんの自宅。最終日に開かれた巻き寿司パーティー。

4「vappu」というフィンランドの春を祝う祝日。私もピクニックをして楽しんだ。

5 巻き寿司パーティーのとき。テキスタイルのエプロンを着せてもらい一緒に調理。

お部屋のグリーン、生長中

日々の変化が元気をくれる

２０２０年の自粛期間中、わたしもいつも以上に自宅にいる時間が増えました。どこか落ち着かない期間が続きましたが、そんな日々を支えてくれたのは植物の生長と変化でした。この時期に新しく仲間入りしたグリーンもあります。

スペースが限られている上に陽が入る窓がひとつしかないのでプランターはハンギングできるものをチョイス。これならカーテンレールに吊るすことができます。昨年迎えたグリーンたちは、たっぷりと水をやり十分に日光を浴びたこともあって夏場にぐんぐん生長しました。一番の古株はモンステラ。何年も前に買ったものですが、どんどん大きくなったので鉢のサイズを変えたら、さらに育っていっています。

memo

- 観葉植物をお部屋に導入
- 吊るすタイプなら省スペース
- 育てる楽しさも

観葉植物編

ペペロミア

コショウ科の観葉植物。強い日光や寒さに弱いため、カーテン越しの室内がベスト。「KINTO」のプラントポットに吊るして窓際に。

コウモリラン

下北沢にあるお花屋さん「YOUKAEN」で購入。購入したときよりも葉っぱが伸びてきた。苔玉タイプで丸い部分を水にじゃぼんとつけて水やりする。

リプサリス

多方向に伸びる細長い茎が印象的。サボテンと同じ多肉植物のため、比較的乾燥に強い。レースカーテン越しの室内で育てるのがよい。

一番の古株!

モンステラ

10℃以上の環境に置くとぐんぐん大きくなる。比較的育てやすいのでグリーン初心者さんにおすすめ。株分けして増やすこともできる。

ベランダ菜園編

DIYの端材が残っていたので、植木鉢の下に敷いて。朝起きたらたっぷり水やりをする。

室内には観葉植物を飾り、ベランダでは主に食べられる植物を育てています。去年の夏はパセリやミントなどのハーブ類のほか、しそやベビーリーフ、ハバネロなども育てました。ミントやローズマリーの苗は比較的どこのホームセンターでも手に入れることができますし、初心者でも育てやすいです。また、苗ではなくプランターに種をまいたものもあります。ハバネロとベビーリーフはガーデニング好きの母が種を送ってくれました。

食べられる植物があると、料理の幅が広がりますし、ほんのちょっと使いたいけど、わざわざ買うのはちょっと……というときにも重宝します。今年の春夏もまた食べられる植物を育てる予定です。

剪定用のはさみはアメリカのアウトドアブランド「ベアボーンズ」のもの。お気に入りの道具を使うと、収穫作業もより楽しい。

パセリ

料理の添えもののイメージだけれど、栄養価が高いパセリ。まっすぐに育つためプランターでも育てやすい。常緑植物で一年中収穫できる。

ミント

成長が早く、大きく育つ。去年の夏にはたっぷり収穫できたので、ライム果汁とウォッカ、炭酸水を合わせてモヒートにして楽しんだ。

ワイヤープランツ

以前は室内で吊り下げていたが、大きく育ったため鉢に植え替えた。鉢はホームセンターで購入した茶色いものをグレーの塗料でペイントした。

ローズマリー

肉と相性のよいローズマリー。とくに鶏肉が好きなため料理で大活躍。じゃがいもと合わせてグリルにしたものもおいしかった。

1人分の飲みもの
いつもの時間が特別に

家にいる時間が長いので、お茶の時間は以前よりも特別なものになりました。朝起きて、食事のおともに、仕事の合間に、寝る前のリラックスタイムに……と、あらゆる場面で飲みものが傍らにあります。

お茶やコーヒー、紅茶など、淹れるだけで飲めるものも多いですが、ちょっぴりアレンジを加えたお気に入りのレシピも。レシピといっても簡単なものばかりですが、次ページで材料と作り方を紹介します。お気に入りのカップやグラスに入れたり、ベランダで育てたハーブを添えたり、スパイスを使ったり。飲みものひとつとっても楽しみがいろいろあり、奥深いです。今後もいろいろ試して、お気に入りのレシピを増やしていきたいと思っています。

CAFE

1

ジャスミンミルクティー

鍋に牛乳200mlとジャスミン茶の茶葉30gを入れて弱火にかける。2~3分煮たら砂糖小さじ2を加えて混ぜ、濾しながらカップに注ぎ、シナモン適量をふりかける。ジャスミン茶とシナモンの組み合わせでからだも温まる。

2

レモンスカッシュ

レモン1/2個は1枚だけ飾り用に輪切りにして、残りは搾る。グラスにはちみつ大さじーとレモン汁を入れて混ぜ、氷と炭酸水を注ぐ。レモンに切り込みを入れてグラスに飾り、ミントをのせる。爽やかな味わい。

3

ホットワイン

小鍋に赤ワイン、水ともに100ml、角切りにしたりんご1/8個、砂糖小さじ1、シナモンパウダー適量を入れて弱火にかける。ふつふつとしたら煮立つ前に火を止め、耐熱グラスに注いでシナモンスティックを添える。

4

モヒート

ライム1個は半分を搾り、残りはくし切りにする。グラスにライムとライム果汁、たっぷりのミントを入れ、スプーンなどで軽くつぶす。氷、ガムシロップ1個、ウォッカ10ml、炭酸水適量を入れて混ぜる。

BAR

春にやること

気分一新で迎えるために

春は一番好きな季節。日差しや気候が気持ちよく、新生活の季節なので街や人にどこか前向きな雰囲気が漂っているからです。そんな空気感も手伝って、私の家仕事も冬から春へと移行します。

まずは衣替えからスタート。冬に使ったブランケットや湯たんぽなどをクリーニングに出したりお手入れしたりしてしまいます。このときに衣類の見直しをして、必要なものと不要なものを整理。また、ベランダを掃除して、植物の植え替えなども楽しみます。毎年、春には実家に帰って山菜とりに行っていたのですが、去年はそれができずに残念でした。でも、スーパーにも春らしい食材が多く並ぶので、それらを使ってごはんをつくるのが楽しみです。

memo

- 冬のものを
お片づけ
- 衣類の衣替えも
- 食卓にも
春を取り入れて

夏にやること

暑さを心地よくしのぐ

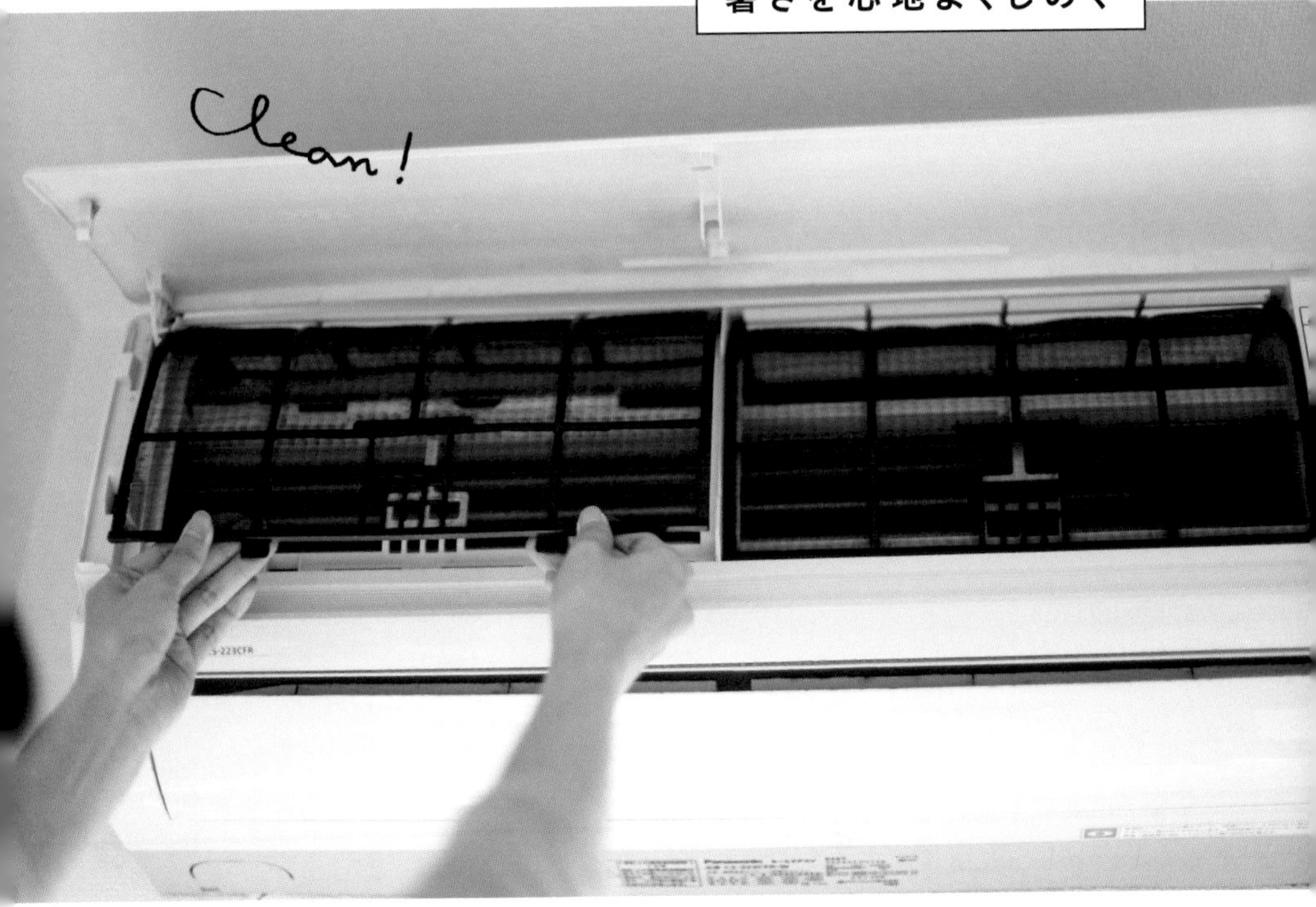

本格的な暑さがくる前に、必ずするようにしているのがエアコン掃除。フィルターを外して洗って乾かすと、気持ちよく使えて気分もよくなります。また、夏用の寝具を出すのも忘れずにやっていること。暑くても快適に寝られるよう、寝具類には重点を置いています。

また、夏の楽しみのひとつが「浴衣を着ること」です。母が結婚するときに祖母から持たされたというものを譲り受けて、ほぼ毎年、その浴衣を着ています。２０１９年以前のことですが、浴衣を着て東京の千駄木や浅草など、和が似合うスポットに友人と遊びに行きました。浴衣というと夏祭りや花火というイメージですが、それ以外でも気軽に着て楽しんでいます。

memo

- ■エアコンの掃除
- ■寝具も夏用に衣替え
- ■日常で浴衣を楽しむ

秋にやること

長い夜には楽しみいっぱい

暑い夏が終わり、少しずつ日が短くなってくると秋の気配を感じます。秋には、衣替えをしたり、ブランケットを出したり、あたたかめのアイテムを用意。また、秋には夏の疲れが意外と溜まっていることも多いので、いつもよりゆっくり入浴をしたり、ヘアケアやフェイスケアをじっくりやったりと体のメンテナンスもしっかりやりたいものです。

また、体だけでなく心にも栄養を与えたいので、映画を見たり本を読んだりと、インプットの時間も大切にしています。いまはテレビを処分してしまったので、気になる映画や映像はもっぱらパソコンで。ベッドをソファ代わりにして、寝る前の夜時間をゆっくり楽しみます。

memo

- 冬ものの準備
- 自分を労る時間を
- 映画や本に没頭する

冬にやること

部屋でぬくぬく過ごす準備

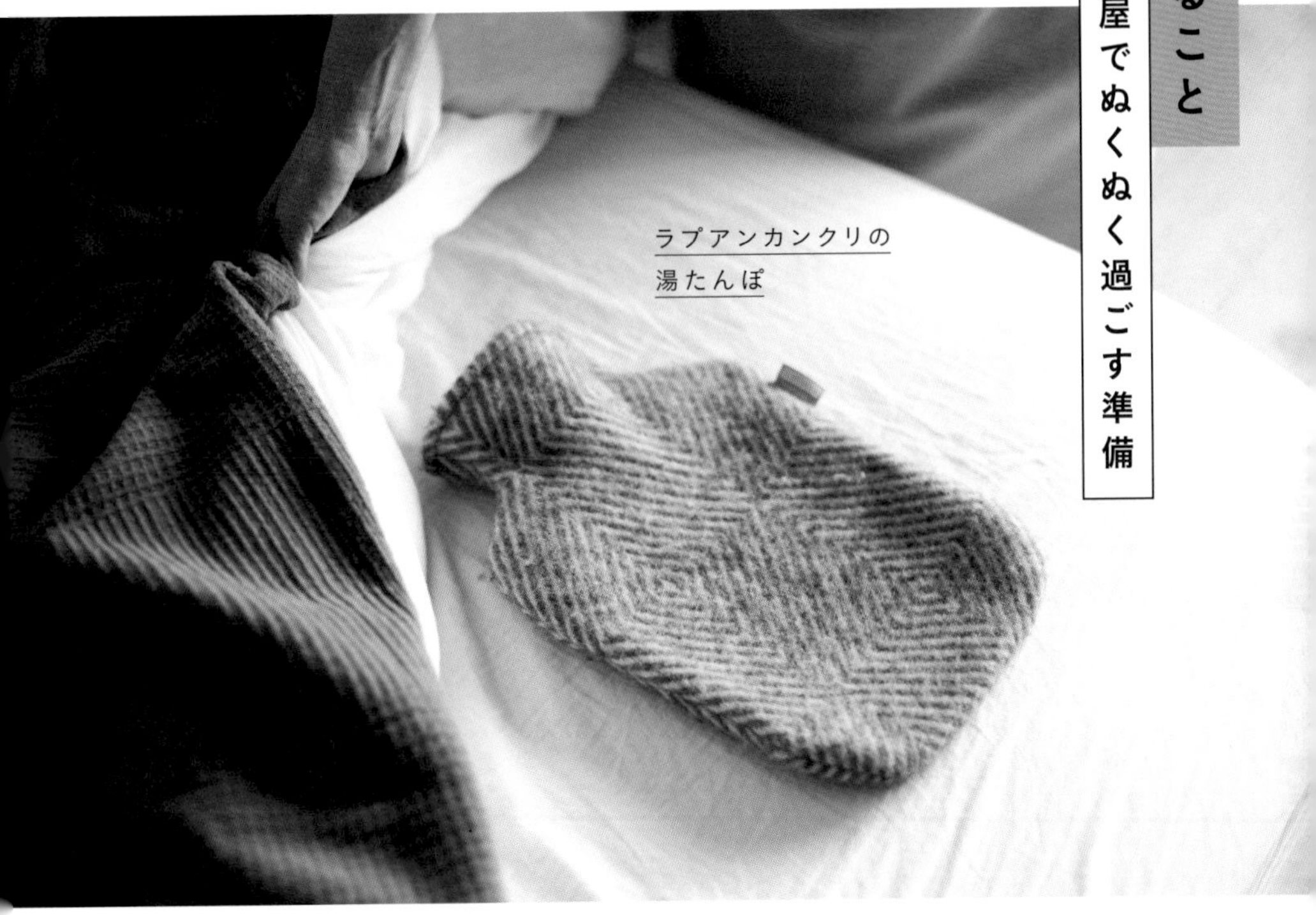

ラプアンカンクリの湯たんぽ

陽のあたたかさが感じられないので、冬は少し苦手です。とくに寒い時期はお部屋の中でおこもり生活になりがちに……。そんなときは、もこもこスリッパや湯たんぽ、ブランケットを用意し、温かい飲みものを淹れてくつろぎます。寒いことが苦手なだけなので、近頃はしっかり防寒対策をすれば寒さも楽しめるようになってきました。

　ヘリンボーン柄とやわらかいブラウンの色合いが気に入っている湯たんぽは「ラプアンカンクリ」のもの。寝る前にお湯を入れて、足元を温めておくとスムーズに眠りにつけます。スウェーデンのテキスタイルブランド「クリッパン」のブランケット（120ページの写真）は、大判で暖かく、寒い冬の心強い相棒です。

memo

- ■暖かグッズを味方に
- ■湯たんぽやブランケットが必須

はじめてさんのDIY

ワインの木箱の飾り棚

DIYに興味はあるけれど難しそう、道具がないとできないのでは？　と思うかもしれません。でも、簡単なものなら初心者でも問題なくつくれますし、ひとり暮らしでも楽しめます。おすすめなのがワインの木箱。すでに箱になっているので組み立ては不要ですし、インターネットでも購入できます。ただ積み重ねるだけだと味気ないので、ウレタンニスを塗装して保護しながら風合いを出すのがおすすめです（具体的なやり方は次ページへ）。

乾かすのに多少時間がかかりますが、作業自体は1時間もあれば十分に終わるので気軽にできると思います。横に並べてもいいですし、積み重ねて本や香水を飾るのもよいかもしれません。

ベッドサイドの本棚代わりに。シンプルな形だから、汎用性が高く、さまざまに使える。

用意するもの

ワインの木箱… 1 つ
サンドペーパー… 1 枚
（本書では240番のものを使用）
水性ニス… 1 缶（本書では和信ペイントのつや消しマホガニーを使用）
刷毛… 1 本
雑巾… 1 枚

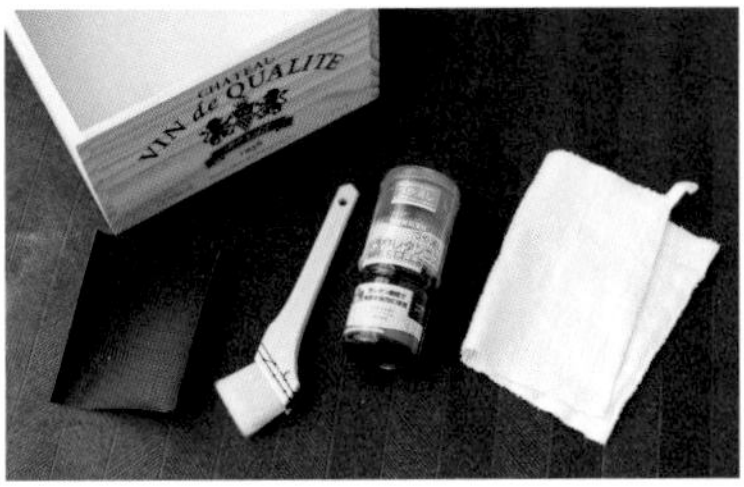

1

作業場所を養生する

粉が舞ったり塗料がついたりしないようビニール袋や新聞紙で作業場所を養生する（可能なら屋外で作業するのがおすすめ）。

2

塗装する面にやすりをかける

ささくれやザラザラするところがあるため、やすりをかけてきれいにする。表面がなめらかになり塗料もきれいに塗れる。

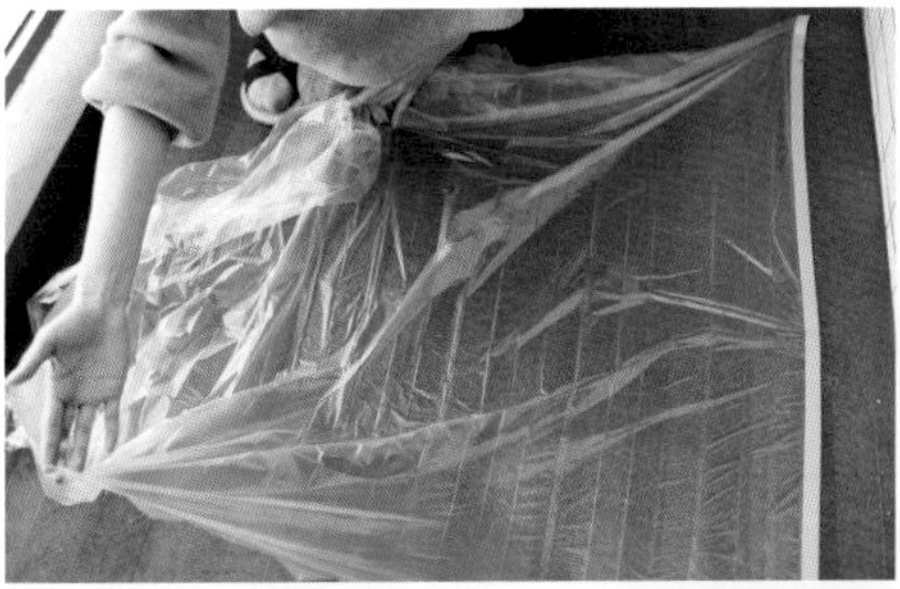

3

濡れた雑巾で拭く

やすりをかけると細かな粉が出るため、それを除くために濡れた雑巾で拭き取る。木材が濡れないよう、ギュッと絞った雑巾で。

4

刷毛でニスを塗る

ニスをボトルに移し入れ、刷毛で塗る。一度塗りでもよいが、薄いと感じれば重ね塗りしても。40分ほど乾かしたら完成。

水性ニスのため水気がある場所、湿気が多い場所では使用できません。

ただいま〜

帰宅したらパパッと夕ごはんづくり。この日はお気に入りのジャーマンポテト。

夕食が終わったら、そのまま食器を洗う。水まわりのものは溜めない主義。

少し休憩したら入浴。湯船につかって疲れを癒やし、お風呂上がりにヘアケア、スキンケア。

Good Night…

眠る前に本を読んだり、ゆったりして過ごす大好きな時間。１時くらいには就寝。

おわりに

お部屋の一角に大好きなものだけを集めたとっておきのスペースをつくったり、季節の野菜で大好きなおかずをつくりおきしたり。そんな〝小さなお楽しみ〟があると、気分も上がり、なんてことない毎日がうんと楽しくなると思います。ひとり暮らしでも、賃貸の狭いスペースでも関係ありません。

暮らしまわりの動画を紹介していると「こんなにていねいな暮らしはとてもできない！」という意見をいただくことがありますが、ていねい＝義務ではないので、できることや好きなことを楽しむだけでも十分だと思います。

家にいる時間が増えたいまだからこそ、こんなやり方もあるんだな、という選択肢のひとつとして、あなたの暮らしのヒントになればうれしいです。

Hanamori（はなもり）

YouTuber・インテリアコーディネーター。大学時代インテリアにはまり、1年間フィンランドに留学。卒業後はリノベーション会社など、不動産関連会社で働きながら2018年にYouTubeを開設。家事・インテリア・DIYなどを軸に、ひとり暮らしのアイデアを動画で投稿し、人気に。真似しやすいアイデアや穏やかな語り口にファンが多い。2021年3月現在のチャンネル登録者数は16.1 万人。

YouTube
「Hanamori」で検索

Instagram
@hanamori_884

掲載協力

壁紙屋本舗
https://kabegamiyahonpo.com
サマリーポケット
https://pocket.sumally.com/
Style D'art
https://www.kabe.xyz/
マネーフォワード ME
https://moneyforward.com
YAMAGIWA
https://www.yamagiwa.co.jp

帰るのが楽しみになる
ひとり暮らしBOOK

2021年4月15日　第1刷発行

著者　Hanamori《はなもり》
発行者　佐藤 靖
発行所　大和《だいわ》書房
〒112-0014
東京都文京区関口1-33-4
電話03-3203-4511
デザイン　吉村 亮、大橋千恵（Yoshi-des）
写真　原 幹和、著者
イラスト　坂本奈緒
編集協力　結城 歩
校正　円水社
印刷　廣済堂
製本　ナショナル製本

ISBN978-4-479-78532-3

乱丁本・落丁本はお取り替えいたします
http://www.daiwashobo.co.jp